Toreando a Google

Ricardo Carreras Lario

Toreando a Google

Todos los secretos que necesitas saber para destacar en los resultados de Google, y que el buscador no te va a contar

SUMARIO

1
INTRODUCCIÓN

"Toreando a Google" explica cómo podemos lograr mejorar las posiciones de una página web en los resultados de búsquedas del conocido buscador Google. No es una cuestión baladí. Internet es cada día más importante, y los buscadores ocupan un lugar predominante. Hay en juego reputaciones de personas y empresas, así como una gran cantidad de dinero.

Nos centramos en Google porque este buscador tiene una situación de cuasi-monopolio en España y todo Occidente. Para saber qué hacer para ascender en sus resultados de búsquedas, tendremos que saber cómo este buscador clasifica sus resultasdos. Es casi como encontrar el Santo Grial de la comunicación digital. Un secreto de enorme importancia en los campos de la comunicación y el comercio, que Google guarda con extrema caución.

Debemos saber cuáles son los criterios o factores que causan que una página web –entre los miles o millones de candidatas- aparezca en las primeras posiciones del listado de la primera página de resultados de búsqueda de Google –llamados SERP –search engine result pages.

Resolver esa intrigante cuestión nos permitirá saber qué debemos hacer para lograr que una página web determinada ascienda posiciones y llegue a colocarse en cabeza. Esto es, los secretos de las técnicas de posicionamiento en buscadores, conocidas como SEO –search engine optimization en inglés-.

1.1) Internet y la comunicación digital

Es obligado reiterar, siquiera sea fugazmente, la enorme trascendencia que tiene Internet en el mundo de la comunicación. Hoy en día, y de forma creciente, lo digital –definido como aquello que tiene soporte en la red- es fundamental en todo lo relativo a la comunicación.

Debemos tener muy en cuenta la comunicación digital para lanzar un nuevo negocio, aumentar las ventas de uno ya existente, reforzar una marca, defender una idea, o bien para ganar unas elecciones. Una campaña comercial o electoral, por ejemplo, no puede ya prescindir de un componente digital eficaz. Y esto es válido para cualquier país, en mayor o menos medida, si bien las características de la comunicación digital idónea se adaptarán a la idiosincrasia de cada país.

Por dar algunos datos, el número de móviles en el mundo, según el European Information Technology Observatory www.eito.com (consultado el 2 de enero de 2011), supera ya los cuatro mil millones. En otras palabras, dos de cada tres personas usan uno.

Por otro lado, la cifra de usuarios de Internet se aproxima a los dos mil millones, de forma que uno de cada tres habitantes del planeta accede a la red de redes, según datos del centro mundial de estadísticas de Internet http://www.internetworldstats.com/stats.htm (consultado el 2 de enero de 2011)

En el caso de España, a este medio de comunicación ya tiene acceso el 50,5% de la población, aproximadamente 20 millones de personas: así lo revela el Estudio General de Medios de 2010 realizado por la Asociación para la Investigación de Medios de Comunicación (AIMC).

Por otra parte, una investigación realizada por la Asociación Europea de Anuncios Interactivos (EIAA por sus siglas en inglés), reveló que el 85% de los anunciantes en España aumentó su inversión publicitaria en Internet durante el año 2009 (ANEI 2009).

El crecimiento de este sector también lo refleja El Estudio de la Inversión Publicitaria, publicado por INFOADEX: del año 2008 al 2009 el único medio que obtuvo un incremento en la inversión publicitaria fue Internet (7%), frente al crecimiento negativo de la TV (-23%), diarios (-33%), radio (-34%), revistas (-35%), cine (-26%) y publicidad exterior (-22%). (2010:12).

Según el informe, la inversión publicitaria en Internet en España en 2010 fue de 654,1 millones de euros. En 2004 era de 94,6 millones de Euros.

Actualmente Internet ocupa el tercer puesto entre los medios de comunicación en los que más se invierte en publicidad. Tiene un 11,6% del pastel publicitario. Ya ha superado a la inversión publicitaria en radio. Sólo tiene por delante a los diarios, con un 20,9% y a la Televisión, con un 42% (2010:10).

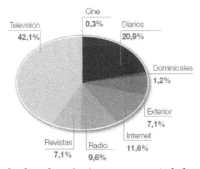

La gráfica muestra la distribución (en porcentaje) de la inversión publicitaria en los medios de comunicación en España. Fuente: INFOADEX.

Según el Interactive Advertising Bureau(www.iabspain.net), Asociación que representa al sector de la comunicación digital en España, la inversión en medios digitales en España durante la primera mitad de 2011 ascendió a 431,95 millones de euros, lo que significa un incremento del 14,4% en relación con el mismo periodo del año anterior. Los medios digitales acapararían ya el 15,6% de la inversión publicitaria en España, por detrás de la Televisión (43,9%) y los diarios (16,8%). Es muy probable que a finales de 2012, la inversión en Internet supere a los diarios, como ya ha ocurrido en Estados Unidos, y se aproxime al 20% del total de la tarta publicitaria.

1.2) Importancia del Comercio Electrónico en España

Además de la publicidad, la importancia de Internet como plataforma de comercio crece día a día. Según el último informe realizado por la Comisión del Mercado de las Telecomunicaciones –el informe sobre el comercio electrónico en España, a través de entidades de medios de pago, del III trimestre de 2011- el comercio electrónico en España alcanzó un volumen de negocio durante el tercer trimestre de 2011, los 2.421,8 millones de euros, un 27,4% más que en el mismo periodo de 2010. Este registro supone el décimo trimestre consecutivo de crecimiento y un nuevo máximo histórico.

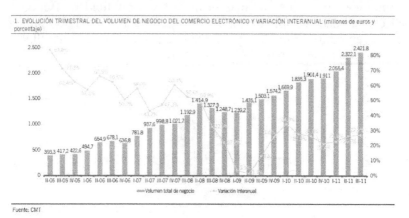

En esta gráfica del mismo informe podemos observar la evolución, trimestre a trimestre, del comercio electrónico en España desde 2005. (Informe sobre el comercio electrónico en España, a través de entidades de medios de pago, del III trimestre de 2011)

Por otro lado, el último Informe Anual de la Sociedad de la Información en España afirma que un 21,4% de lasempresas españolas compra porcomercio electrónico,frente al 11% que vende. Según ese mismo informe,el importe de las compras realizadas por comercio electrónico equivale al 12,6% de las compras efectuadas por el total de pymes y grandes empresas, mientras que el total de las ventas por comercio electrónico representan el 8,3% de ventas del total de empresas.

1.3) *Importancia de los Buscadores*

Definiciones de buscador

Antes que nada, conviene definir qué es un buscador.
La experta Jerri Ledford explica en su obra SEO: Search Engine Optimization Bible(2008) que un motor de búsqueda es "un programa que utiliza aplicaciones que recogen información de páginas

INTRODUCCIÓN

Web y luego indexa y almacena esa información en una base de datos", (Ledford 2008: 5).

Los expertos Susan Esparza y Bruce Clay, por su parte, precisan en su obra Optimización de buscadores(2009)lo siguiente: "Un buscador es una aplicación diseñada para buscar palabras-clave específicas y después agrupar los resultados por su relevancia. [...] Buscadores como Google, Yahoo y Microsoft Live se crearon para prescindir de intermediarios y llevar directamente a tus usuarios hasta ti sin trabas ni dificultades". (Esparza y Clay 2009: 25)

Los buscadores son, por tanto, programas que permiten a los internautas hallar de manera rápida información relevante sobre unas palabras-clave específicas.

Importancia actual de los buscadores

Los usuarios dedican un elevado porcentaje de su tiempo en Internet a realizar búsquedas. En las tablas que mostramos abajo podemos ver los resultados de actividades realizadas en Internet. Forman parte de la Encuesta AIMC a Usuarios de Internet, número 12, realizada a casi 40000 usuarios españoles de Internet por la AIMC–Asociación para la Investigación de Medios de Comunicación a finales de 2009.

A continuación presentamos dos gráficas que reflejan la respuesta a la siguiente pregunta: Durante los últimos 30 días ¿cuáles de las siguientes actividades ha realizado a través de Internet? (Estudio Navegantes de la AIMC: 2010:95).

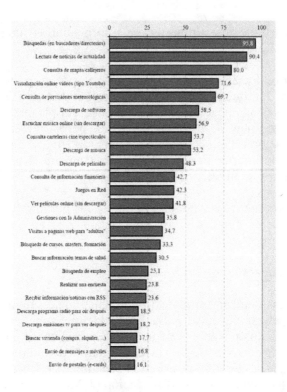

Como vemos, usar los buscadores está a la cabeza de la lista. El 95,8% de los usuarios españoles dicen haber buscado algo en los buscadores durante los últimos 30 días. Eso son ahora mismo diecinueve millones de usuarios de buscadores, solamente en España. Es la primera actividad de los usuarios de Internet.

Por tanto, los estudios antes mencionados nos indican que crece la inversión en la red, y crece la utilización de Internet y de los motores de búsqueda. En ese sentido es cada vez más imprescindible, no sólo estar en Internet, sino también estar bien posicionados en los buscadores. Por otra parte, todos los estudios coinciden en indicar que los usuarios escogen predominantemente los primeros resultados de la primera página, como vemos en un estudio de seguimiento de mirada –eyetracking en inglés- tomado de la guía de referencia SEO de Javier Casares (Casares, 2008: 8). Se ve claramente que los usuarios miran los primeros resultados –en rojo y amarillo.

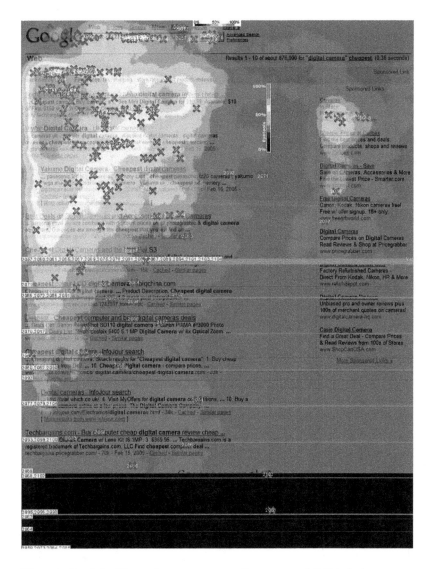

Un estudio del sitio web oneup.com afirma que el 84% de los usuarios nunca llegan a la tercera página. Otro estudio de enquiro.com nos dice que tan sólo los tres primeros resultados tienen visibilidad del 100%.

Es fundamental por tanto aparecer en esta primera página, y además en la parte de arriba, entre los primeros resultados orgánicos o naturales.

1.4) Breve historia de los buscadores

Los motores de búsqueda están asociados a Internet desde los mismos comienzos de la Red de Redes.

Según el estudio (http://www.leidenuniv.nl/letteren/internethistory/index.php3-m=6&c=7.htm#se) de la Universidad de Leiden (Holanda) y otros autores, el primer buscador digno de tal nombre fue llamado "Archie" (http://en.wikipedia.org/wiki/Archie_search_engine), diminutivo de Archives –archivos en inglés. Fue creado por Alan Emtage, estudiante de ciencias informáticas de la Universidad McGill (Montreal, Canadá) en 1990. Este primer buscador indexaba nombres de archivos, creando una base de datos abierta que daba como resultado de la búsqueda los archivos que coincidían con la palabra buscada.

En 1991 nació Gopher(http://en.wikipedia.org/wiki/Gopher_%28protocol%29), creado por Mark McCahill en la Universidad de Minnesota, protocolo que permitió la aparición de dos nuevos programas de búsquedas: Veronica y Jughead. Como Archie, estos primeros motores buscaban nombres de archivos alojados en los sistemas de índices de Gopher. Como curiosidad, podemos destacar que aunque Archie no estaba relacionado con la serie homónima de comics, estos dos nuevos motores tomaron nombres de personajes de la serie, para vincularse así con Archie.

El 2 de Septiembre de 1993 llegó lo que puede considerarse propiamente como el primer motor de búsquedas: W3Catalog (http://en.wikipedia.org/wiki/W3Catalog).

Unos meses antes, en junio del mismo año, había visto la luz la primera araña o robot rastreador –web crawler- en inglés- que recorría toda la Web entonces existente procesando las distintas páginas web. El Robot, bautizado como el "Errante de la Red Global" –World Wide Web Wanderer- terminó su trabajo en 1995. Tardó dos años en rastrear toda la Red. El índice que produjo se denominó Wandex. Su autor fue Matthew Gray, del MIT –Massachussets Institute of Technology.

El segundo motor de búsqueda, Aliweb, se lanzó en Noviembre de 1993. Y un mes más tarde, surgió JumpStation. Este buscador, aparecido en diciembre de 1993, tiene ya las características básicas de los actuales buscadores. En efecto, a pesar de que, dada su limitada capacidad, JumpStation procesaba sólo los títulos de las páginas web y sus principales encabezados para construir su índice; lo hacía sirviéndose de un robot para capturar la información, ofrecía resultados en base a palabras clave y presentaba esos resultados en listas de direcciones Web que coincidían con la palabra buscada. En otras palabras, ya se parecía considerablemente al Google actual. Comenzó a indexar el 12 de diciembre de 1993. Estaba alojado en la Universidad de Stirling (Escocia, Reino Unido).

Su autor, Jonathon Fletcher, se había graduado recientemente de esa misma universidad. Fue el responsable de su lanzamiento y posterior gestión, pero el proyecto fracasó por falta de recursos, ya que él dejó la Universidad de Stirling a finales de 1994 sin haber logrado financiación ni siquiera de la misma universidad. Para entonces el motor tenía más de 270.000 páginas web indexadas.

Adam Wishart y Regula Bochsler cuentan en su libro - Leaving Reality Behind: etoys v eToys.com, and other battles to control cyberspace, Ecco, 2003- estos y otros detalles de la historia de JumpStation y los avatares de su fundador.

Seguimos avanzando y nos encontramos unos meses después, el 20 de abril de 1994, con Webcrawler –Rastreador de la red en Inglés-, el primer motor de búsqueda de texto completo, es decir, que rastreaba e indexaba todas las palabras de una página web y no sólo las principales. La página de Webcrawler existe todavía. Es http://www.webcrawler.com/. Ya no ofrece el buscador original, sino una mezcla de resultados de los principales motores de búsqueda actuales –Google, Yahoo, Bing.

Lycos (http://www.lycos.com/) fue otro buscador nacido en 1994, con un gran impulso comercial. La empresa fue creciendo hasta que la compró Terra, la filial de Telefónica en medio de la burbuja de Internet de 2000, por la no despreciable cantidad de 2 billones de las antiguas pesetas o 12.500 millones de dólares (http://www.elmundo.es/navegante/2000/05/17/terra_lycos.html). Cuatro años después, en 2004, fue vendida - por una fracción de esa cantidad.

Volvamos a los buscadores. Poco tiempo después de la aparición de Webcrawer y Lycos, proliferaron nuevos buscadores como Magullan, Infoseek, Excite, Inktomi, Northern Light, AltaVista y Yahoo. Por aquel entonces su uso ya comenzaba a generalizarse en Estados Unidos.

En 1996, la empresa del famoso navegador Netscape quiso llegar a un acuerdo exclusivo con un solo buscador que apareciera por defecto en su programa. Al final, cinco de ellos, Yahoo!, Magellan, Lycos, Infoseek, y Excite, llegaron a un curioso acuerdo y pagaron cinco millones de dólares anuales por cabeza por rotarse en la página de buscadores del navegador. Esto da una idea de la importancia que comienzan a tener los buscadores ya en esa temprana fecha. No es extraño que varias de las empresas que lanzaron buscadores por aquel entonces se "pillaran los dedos" en la locura de la burbuja de Internet, especialmente entre 1999 y 2001.

Para entonces, comenzaba a descollar un buscador nacido en 1998: Google. Sus resultados de búsquedas eran mejores que los demás, y a través del boca a boca iba ganando terreno.

La empresa Microsoft, por su parte, lanzó su buscador - MSN Search- en 1998, usando como base el motor de Inktomi. Seis años después, Microsoft comenzó la transición a su propio buscador, que usa su propio robot –msnbot-, relanzado con fuerza en 2009 con el nombre de Bing.

A pesar de la feroz competencia, la tasa de mercado global de Google en junio de 2010 es de un 84,96%, según la prestigiosa medición de Netmarketshare (http://marketshare.hitslink.com/search-engine-market-share.aspx?qprid=5). Luego veremos los datos para España.

2
GOOGLE

El buscador así llamado y la empresa que lo lanzó representan uno de los casos de éxito más llamativos de nuestra época.

2.1) Breve historia de Google

Google fue en sus inicios un proyecto de investigación de Larry Page y Sergio Brin, dos doctorandos de la Universidad de Stanford (EEUU). A Page se le ocurrió investigar las características matemáticas de la red mundial –www o world-wide web. Para ello, quería analizar y comprender la estructura de los enlaces entre las distintas páginas web.

Su tutor, Ferry Winograd le había animado a escoger ese tema. Page se lanzó a investigar qué páginas web enlazan a otra página, pensando que el número y la naturaleza de esos enlaces eran una información muy valiosa –respecto a la página enlazada. Estaba pensando en el papel de las citas académicas, de gran importancia en el mundo universitario y muy particularmente en Estados Unidos. Page llamó a ese proyecto inicial "BackRub". Su amigo Sergei Brin, un doctorando judío secular –como Page- de origen ruso, se unió enseguida al proyecto. El rastreador de Page comenzó a recorrer Internet en marzo de 1996. Tenía como base la página de la universidad de Stanford del propio Page. Para cristalizar los datos que recogía el rastreador, acerca de los enlaces dirigidos a cada página, ambos desarrollaron el algoritmo de PageRank.

Al analizar los resultados de BackRub –que consistían en una lista de enlaces hacia una página concreta, clasificados por importancia- pensaron que un buscador que tuviera en cuenta estos criterios produciría mejores resultados de búsqueda que los buscadores existentes en ese momento – que sólo analizaban factores internos de una página web, como por ejemplo el número de veces que una

palabra clave se repetía. Así nació el primer embrión del nuevo buscador, llamado Rankdex. El buscador inicial usaba el sitio web de Stanford, con el dominio google.stanford.edu.
Registraron el dominio Google el 15 de septiembre de 1997.La firma Google, Inc. nació el 4 de septiembre de 1998 en el garaje de un amigo en Menlo Park, California.

Andy Bechtolsheim –Andreas von Bechtolsheim-, emprendedor germano-estadounidense que había co-fundado la empresa Sun Microsystems unos años atrás, en 1982, aportó la "semilla" inicial de capital de Google. Su cheque de 100.000 dólares, entregado en agosto de 1998, sería la mejor inversión de su vida.

Posteriormente, en junio de 1999 invirtieron en la compañía dos firmas de capital-riesgo: Sequioa Capital y Kleiner Perkins Caufield & Byers, quienes hicieron una aportación de capital de 25 millones de dólares.

En un primer momento, los dos fundadores Brin y Page se oponían a colocar publicidad en su buscador. Pronto cambiarían radicalmente de parecer. Años después, ante la presión de los inversores por obtener beneficios, Google copió el sistema inventado por Overture –firma posteriormente comprada por Yahoo- de publicidad contextual, basada en las palabras clave buscadas, vigente en la actualidad con el nombre de Adwords. Yahoo les demandó por ello y Google tuvo que desembolsar una cantidad considerable –aunque no revelada- de dinero para que Yahoo abandonara el procedimiento judicial.

El nombre de "Google" es una alteración de la palabra "googol", que en inglés significa el número representado por 1 elevado a 100.

Así era la página principal de Google en septiembre de 1998

Enid Blyton ya había usado la palabra décadas atrás, en el capítulo noveno de su obraThe Magic Faraway Tree, titulado Google Bun.

A finales de 1998, Google ya había indexado 60 millones de página. La compañía se estableció en marzo de 1999 en Palo Alto, en el Valle del Silicio –Silicon Valley. Después de mudarse dos veces más por su rápido crecimiento, Google alquiló unas oficinas en su actual sede de Mountain View - 1600 Amphitheatre Parkway. Allí siguen –compraron el edificio a sus arrendadores en 2006 por 319 millones de dólares. Sus oficinas reciben el nombre de Googleplex –de Google Complex.

El lema de Google ha sido desde sus comienzos "do not be evil" que significa "no seas malo", como contraposición a Microsoft, gigante que tenía reputación de carecer de escrúpulos. Sin embargo, ya hemos visto que también desde sus comienzos la firma empezó a desviarse de una conducta intachable en algunos asuntos que afectaban su rentabilidad.

Google salió por primera vez a bolsa el 19 de agosto de 2004. La operación fue un gran éxito y los casi veinte millones de acciones subieron un veinte porciento el mismo día. El precio de salida fue de 85 dólares por acción. A las pocas horas valían más de cien dólares. Hoy valen seis veces más. La firma forma parte del índice NASDAQ de valores tecnológicos, y del índice S&P, con el símbolo de GOOG.

El éxito de Google en el mercado de los buscadores, como ya hemos indicado, ha sido espectacular. Su sencilla interfaz (que se parece a la de Altavista en su inicio), junto a la calidad de sus resultados de búsqueda explican tasas de mercado de entre un 66% a un 95% en todos los países de cultura occidental. Esa calidad se basa en su refinado algoritmo, que supera a todos los demás hasta la fecha. Podemos hablar de que Google lanzó en su momento la segunda versión de los buscadores, como dice el experto Javier Casares en su guía SEO. Esta segunda versión, ahora imitada por los principales competidores de Google, consiste en tener en cuenta los factores externos, el entorno de una página web –especialmente el número y calidad de los enlaces hacia ella- y no sólo los factores internos como hacían otros hasta ese momento.

Una vez dominado el sector de las búsquedas, la exitosa compañía se ha expandido a una gran cantidad de sectores ecónomicos que van más allá del negocio inicial. Ha lanzado su propio servicio de correo electrónico –gmail- teléfonos móviles, su propio navegador para competir con Window –Chrome- y ha adquirido importantes compañías como YouTube, comprada por 1.650 millones de dólares el 9 de octubre de 2006 o DoubleClick, empresa de publicidad en Internet adquirida en abril de 2007 por 3.100 millones de dólares.

Hoy en día el verbo Google está incorporado al inglés. Desde 2006 está incluido en el Diccionario de Inglés de Oxford, el equivalente del diccionario de la Real Academia Española de la Lengua.

Google ya es la marca más valiosa del mundo (http://news.omexpo.com/2010/04/google-la-marca-mas-valiosa-del-mundo-superando-los-114-000-millones-de-dolares-1996/), según la consultora Millward Brown, con un valor estimado en 114.000 millones de dólares.

La compañía facturó 37.900 millones de dólares en 2010, con un beneficio neto de 9.737 millones (fuente: http://investor.google.com/financial/tables.html). Estas cifras son de por sí impresionantes. Pero lo son mucho más si se analiza que la empresa tenía ese año 32.367 empleados (fuente: http://investor.google.com/corporate/faq.html#employees)

Si calculamos la facturación por empleado, llegamos a la asombrosa cifra de 1.170.945 dólares por empleado (=37.900 millones

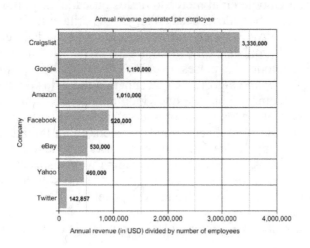

de dólares/32.367 empleados). Esto coloca a Google en la segunda posición de la clasificación mundial de ingreso por empleado para las grandes empresas tecnológicas, como puede verse en la tabla que sigue.

Sólo la supera la empresa estadounidense Craiglist, que es el equivalente moderno e interactivo de las páginas amarillas.

Si analizamos el beneficio neto por empleado de Google, nos daría en 2011 la cifra de 300.831 dólares (9.737 millones/32.367 empleados). Esto es todavía más impresionante. La coloca en la primera posición entre las primeras compañías del mundo. Según la prestigiosa empresa consultora

McKinsey, la media de beneficio neto por empleado en las grandes empresas era en 2005 de tan sólo 83.000 dólares (fuente: http://www. massmac.org/newsline/0707/McKinsey.pdf)

Estas increíbles cifras sólo pueden entenderse si analizamos otro dato fundamental que no ha recibido suficiente interés por parte de los medios de comunicación, y que explica cómo puede Google facturar más de un millón de dólares por empleado y ganar con cada uno de ellos más de cuatro veces la media de las grandes empresas: Google tiene muchísimos más ordenadores que empleados. En otras palabras, es una empresa de procesos automáticos fundamentalmente gestionada por robots –ordenadores debidamente mejorados por los ingenieros de la empresa. Es curioso constatar además que Google no publica con claridad el número de ordenadores que posee, pero las estimaciones para 2011 oscilan entre un mínimo de 160.000 y un máximo de tres millones (http://www.pandia.com/sew/481-gartner.html). En cualquier caso, estamos hablando de una cantidad enorme de ordenadores –robots. Ellos son, en buena medida la fuerza de Google, y explican su éxito.

En paralelo a su impresionante ascenso durante los últimos años, Google ha realizado una serie de actividades cuestionables, o de dudosa moralidad, que le han valido una serie de críticas muy diferentes y variadas –desde críticas a la escasa privacidad de algunos de sus productos, a reproches acerca de su complicidad con el gobierno chino. Las más recientes de estas críticas en español están recogidas en un interesante libro –desnudando a Google. Su autor, Alejandro Suárez Sánchez-Ocaña, además de recopilar y explicar críticas anteriores, añade el hecho de que Google paga muy pocos impuestos en España, a pesar de facturar cifras muy considerables.

Ahora que Google está, tras el libro mencionado, desnudo, nuestra intención con éste no es despellejarlo, sino, como su título indica, enseñar cómo torearlo.

Sin embargo, como veremos al final del libro, el funcionamiento de Google –cómo clasifica las páginas web- es también, sin duda, objeto legítimo de críticas y se presta a la controversia.

2.2) Funcionamiento básico de Google

Vamos a tratar de explicar cómo Google realiza la hazaña de procesar y analizar toda la red.

El proceso de búsqueda en Google se realiza –según sus propias imágenes (fuente: http://www.Google.com/corporate/tech.html) - de la forma siguiente:

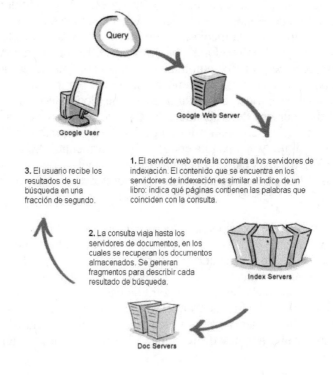

Tras una búsqueda, Google genera páginas de resultados SERP, SearchEngine Result Pages, a través de su complejo y secreto algoritmo matemático que toma en cuenta más de doscientos factores.

"Cuando el usuario realiza una búsqueda de una palabra o una frase, un algoritmo examina la información almacenada en la base de datos y devuelve una lista de enlaces a páginas web que parecen coincidir con el término de búsqueda del usuario", (Ledford 2008: 5).

Hay que recordar que Google es un buscador basado en texto, no semántico –como serán quizás los del futuro- y por ende no entiende lo que reflejan sus resultados. Un internauta puede ingresar en Google "botín", y le aparecen resultados del afamado banquero, del conocido restaurante, del sinónimo de recompensa o del tipo específico de bota que lleva ese nombre.

Por otro lado, todo indica que el resultado de una búsqueda en Google es una combinación de dos clasificaciones. Por un lado, está el índice de popularidad –"popularity index" en inglés que como veremos en profundidad más adelante, corresponde con el PageRank, un valor matemático único calculado de forma compleja y actualizado con frecuencia. De esta manera, a través del PageRank, Google clasifica todas las páginas web que tiene indexadas –miles de millones- en una lista, en función de los puntos de PageRank que tienen. Como indican Amy Langville y Carl D. Meyer en su obra "PageRank and beyond, the science of search engine rankings" (2006), esta clasificación, definida por la cantidad de PageRank, es independiente de la búsqueda concreta –en inglés, "query-independent". Se obtiene a través de un complejo análisis de la estructura de enlaces de todo Internet (Langville y Meyer, 2006:10-13)

La otra parte fundamental para obtener la clasificación final corresponde con un "índice de contenido" –en inglés, context index", que sí depende de cada búsqueda concreta.

Google realiza una clasificación para cada palabra-clave, que contiene la lista de todas las páginas web relevantes para esa búsqueda y un puntaje para cada una, otorgado por una gran cantidad de factores. Esta clasificación, a su vez, se combina con el PageRank para lograr la clasificación definitiva.

2.3) Google y su cuota en el mercado de buscadores

Sabemos que los buscadores son ya parte de la vida cotidiana de una gran parte de la población, y hemos visto cómo tienen una enorme repercusión económica al ser la puerta de entrada a un comercio electrónico que crece cada día, además de generadores de ingresos publicitarios.

Pues bien, hemos elegido Google porque sabemos que es, con diferencia, el buscador más importante en el mundo, y muy especialmente en España.

Según el último estudio de la Fundación Orange, Google tiene una cuota de mercado de 92,7% en nuestro país. Otros estudios, como Netview, el panel de Nielsen, le otorgan una cuota de 97,9% (http://blogs. elpais.com/estrategia-digital/2010/04/el-96-de-los-usuarios-de-bing-en-espa%C3%B1a-usa-tambi%C3%A9n-google.html).
Parece que podemos hablar de una clara hegemonía.

Para verificar la cuota de mercado de Google, así como la importancia de las primeras posiciones en los resultados de búsquedas, hemos realizado un estudio propio.

Durante 2011, la consultora que presido, Top Position, realizó un estudio, coordinado por el autor de este libro, sobre el uso de redes sociales en los universitarios españoles, con la colaboración y asesoría de varios profesores de la Universidad Complutense de Madrid. Este estudio se presentó con éxito en diciembre de 2011. El estudio consistió en una parte inicial de investigación cualitativa –entrevistas de grupo– con estudiantes universitarios, y una encuesta posterior.

En esa encuesta, además de las preguntas sobre redes sociales, cuyas respuestas ya se han publicado, añadimos varias preguntas específicas acerca de los buscadores y Google en particular, con el objeto de incorporar los resultados a mi tesis doctoral y a este libro. Las respuestas y el análisis subsiguiente no se han publicado hasta la fecha.

Para el estudio, hemos entrevistado a 402 examinandos de la prueba de selectividad. El trabajo de campo de la encuesta tuvo lugar en Madrid del 6 de junio al 8 de junio de 2011. Hemos realizado entrevistas personales, por interceptación, cara a cara.

El estudio tiene un margen de error de un +-5%, para un margen de confianza de 0,95%. Los encuestados son jóvenes de entre 17 y 19 años, con cuotas por sexo –de forma que hay un 50% de mujeres y un 50% de hombres. Veamos cuáles son los resultados de esta encuesta inédita.

Resultados de la encuesta propia

1) Pregunta filtro: ¿Usas habitualmente Internet?

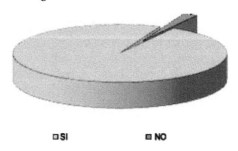

□ SI   ▣ NO

El cuestionario tiene una pregunta inicial, que hace de filtro, acerca de Internet. Las siguientes preguntas se hacen solamente a las personas que responden afirmativamente a esta pregunta –el 97,8% de los encuestados.

Pregunta 2: ¿Cuál es tu buscador favorito para obtener información en Internet?

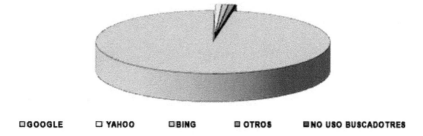

□ GOOGLE   □ YAHOO   □ BING   ▣ OTROS   ▣ NO USO BUSCADOTRES

Observamos que la hegemonía de Google es elevadísima, con un 97,4% de cuota de mercado. Este resultado atribuye a Google una cuota de mercado muy semejante a la deNetview, el panel de Nielsen –recordemos que era 97,9%.

El buscador tiene por tanto casi el 100% del mercado de los usuarios, y de la publicidad en buscadores. Lo siento por los responsables de Bing o Yahoo, pero la realidad es que cuando hablamos de buscadores, en España y muchos otros países hispanos y europeos, en realidad deberíamos hablar de Google. Estos datos –que hemos verificado estadísticamente por primera vez en una encuesta en España- nos demuestran fehacientemente que Google es el buscador hegemónico en España.

La pregunta es, a la vista de estos resultados, si los organismos que regulan la libre competencia en España y la Unión Europea deberían intervenir o no ante una situación tan clara de cuasi-monopolio. La respuesta vendrá de la mano de cómo definimos el segmento de mercado. Si pensamos que el mercado de publicidad en los buscadores es un sector en sí mismo, entonces las autoridades deberían intervenir. Si por el contrario, pensamos que la publicidad en buscadores es una parte de la publicidad en Internet, entonces Google no ejerce un monopolio, ya que su cuota del total es mucho menor.

Pregunta 3:Respecto a los resultados de una búsqueda que aparecen de Google o de otro buscador......

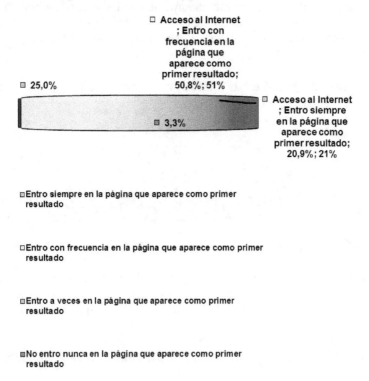

En esta tarta se muestra que un 71,7% de los encuestados entra siempre o con frecuencia en la página web que aparece como primer resultado en Google.

Por otro lado, la encuesta revela que más de dos tercios de los usuarios entran en el primer resultado de sus búsquedas. De ahí la enorme importancia de saber cómo poder llegar a ocupar esa privilegiada posición.

Veamos ahora cuáles son los detalles de esos resultados, cruzándolos con otras variables como el sexo, la situación socio-económica (percibida por los encuestados) o el tipo de población de origen de los encuestados. Lo podemos analizar a través de las tablas de contingencia, usando el programa especializado SPSS.

Por sexo

Tabla de contingencia P1. ¿Cuál es tu buscador favorito para obtener información en Internet? Google (1) Yahoo (2) Bing (3) otros (4) no uso (5) * Sexo (1 hombre, 2 mujer)

				SEXO		
				HOMBRE	MUJER	TOTAL
P1. ¿Cuál es tu buscador favorito para obtener información en Internet? Google (1) Yahoo (2) Bing (3) otros (4) no uso (5)	1		Recuento	141	245	386
			% de Sexo	96,6%	98,4%	97,7%
	2		Recuento	2	0	2
			% de Sexo	1,4%	0%	2%
	3		Recuento	2	1	3
			% de Sexo	1,4%	4%	8%
	4		Recuento	1	2	3
			% de Sexo	0%	4%	3%
	5		Recuento	0	1	1
			% de Sexo	0%	4%	3%
	TOTAL		Recuento	146	249	395
			% de Sexo	100%	100%	100%

En la tabla podemos ver la solidez de los resultados, que son abrumadores, ya que tanto el 96,6% de los varones como el 98,4% de las mujeres utiliza Google como su buscador favorito.

Por nivel socio-económico

Analicemos la tabla cruzada de la variable
Tabla de contingencia P1. ¿Cuál es tu buscador favorito para obtener información en Internet? Google (1) Yahoo (2) Bing (3) otros (4) no uso (5) * Nivel Socioeconómico

			NIVEL SOCIO-ECONÓMICO (DE 1 A 5)					
			Bajo	Medio-Bajo	Medio	Medio-Alto	Alto	Total
P1. ¿Cuál es tu buscador favorito para obtener información en Internet? Google (1) Yahoo (2) Bing (3) otros (4) no uso (5)	1	Recuento	17	34	196	113	26	386
		% de Sexo	100,0%	100,0%	98,0%	97,4%	92,9%	97,7%
	2	Recuento	0	0	1	0	1	2
		% de Sexo	0%	,0%	,5%	,0%	3,6%	,5%
	3	Recuento	0	0	1	1	1	3
		% de Sexo	0%	,0%	,5%	,9%	3,6%	,8%
	4	Recuento	0	0	2	1	0	3
		% de Sexo	0%	,0%	1,0%	,9%	,0%	,8%
	5	Recuento	0	0	0	1	0	1
		% de Sexo	0%	,0%	,0%	,9%	,0%	,3%
	Total	Recuento	17	34	200	116	28	395
		% de Sexo	100,0%	100,0%	100,0%	100,0%	100,0%	100,0%

Los niveles (elegidos por el propio encuestado) eran: 1 (bajo), 2 (medio-bajo), 3 (medio-medio), 4 (medio-alto) y 5 (alto)

Si observamos los resultados por nivel socio-económico, podemos concluir que encuestados de todos los niveles socio-económicos utilizan predominantemente Google, variando de un 100% para los niveles 1 y 2 hasta un mínimo de 92,9% para el nivel 5. El análisis estadístico de las correlaciones muestra que no hay relación estadística, por lo que no podemos concluir que el uso varíe en función del nivel socio-económico, a pesar de esta diferencia aparente entre niveles 1 y 2 por un lado y 5 por otro.

Por residencia

Tabla de contingencia P1. ¿Cuál es tu buscador favorito para obtener información en Internet? Google (1) Yahoo (2) Bing (3) otros (4) no uso (5) * **Residencia**

			RESIDENCIA			
			Madrid Capital	Otra ciudad de la C. de Madrid	Población pequeña de la C. de Madrid	Total
P1. ¿Cuál es tu buscador favorito para obtener información en Internet? Google (1) Yahoo (2) Bing (3) otros (4) no uso (5)	1	Recuento	283	61	42	386
		% de Sexo	98,6%	98,4%	91,3%	97,7%
	2	Recuento	2	0	0	2
		% de Sexo	7%	0%	0%	5%
	3	Recuento	0	1	2	3
		% de Sexo	0%	1,6%	4,3%	8%
	4	Recuento	2	0	1	3
		% de Sexo	7%	0%	2,2%	8%
	5	Recuento	0	0	1	1
		% de Sexo	0%	0%	2,2%	3%
	Total	Recuento	287	62	46	395
		% de Sexo	100,0%	100,0%	100,0%	100,0%

De nuevo, podemos observar que todos los encuestados, con independencia de su residencia, utilizan predominantemente Google como su buscador favorito.

El mínimo porcentaje de las opciones de las tres variables analizadas se da entre aquellos que provienen de una población pequeña de la Comunidad de Madrid, que "sólo" consideran a Google como su favorito en un 91,3% de los casos.

Las conclusiones de este estudio son claras: *Google es el buscador hegemónico, con gran diferencia, y con independencia del sexo, nivel socio-económico o residencia de los encuestados.*

3
METODOLOGÍA E INVESTIGACIÓN

Para determinar cuáles son los factores o criterios más importantes de posicionamiento para Google, hemos realizado una exhaustiva búsqueda de literatura especializada en alemán, español, francés, inglés e italiano. Es escasa la que hemos encontrado. Se trata de unos pocos libros, en español, y sobre todo en inglés. Son, por otra parte, relativamente recientes, dado el carácter novedoso de nuestro objeto de estudio. Hemos adquirido los libros que hablan del tema en los Estados Unidos, ya sea personalmente, aprovechando viajes o a través del sitio web de venta de libros www.amazon.com.

Debido al reducido número de libros solventes en la materia, tendremos que citar repetidamente a lo largo del libro a un limitado número de autores. Son de especial utilidad, y como tales nos han servido para determinar varios de los criterios, los siguientes:

- La obra de David Viney, How to get to the top on Google (2008), uno de los mejores libros escritos sobre la materia
- El libro de Fernando Maciá y Javier Gosende Posicionamiento en buscadores(2009), muy detallado en todo lo relativo a factores de posicionamiento internos (onpage)
- La guía SEO del experto Javier Casares (2009), que aporta un enfoque práctico a la cuestión
- La obra SEO Bible, (2009), de la experta Jerri Ledford
- El libro Get Found Now, Search Engine Optimization Secrets Exposed (2010), de Richard Geasey y Shannon Evans.
- Los estudios publicados en el sitio web seomoz.org, especializado en la materia
- Los diversos documentos publicados por los fundadores de Google, Sergei Brin y Larry Page.

En la fase de investigación previa encontramos dos obras aceptables en alemán, el libro de Sebastian Erlhofer (2008), Suchmaschi-

nen-Optimierung für Webentwickler: Grundlagen, Funktionsweisen und Ranking-Optimierung, y el libro de Mario Fischer (2009), Website Boosting 2.0: Suchmaschinen-Optimierung, Usability, Online-Marketing, si bien ninguno de ellos añade enfoques valiosos a los libros mencionados anteriormente. Por otra parte, no encontramos ninguna obra en francés o italiano que pueda aportar algo novedoso a las anteriores.
Internet ha sido también fuente de documentos que nos han servido de gran ayuda.
Hemos tenido en cuenta en todo momento nuestra propia experiencia, fruto de más de cinco años de trabajo en el sector de la comunicación digital en general y del posicionamiento en Google en particular.

Finalmente, para este libro uso con frecuencia la investigación realizada para mi tesis doctoral acerca de cuáles son los factores de posicionamiento más importantes para Google.

Se trata de un pionero estudio empírico que analiza detenidamente 359 páginas web ganadoras, que logran la primera posición en google.es para una palabra clave determinada. Para ese análisis hemos usado varias herramientas informáticas que han facilitado la labor, como la aplicación SEOquake del navegador Mozilla, la página de Site Explorer de Yahoo –que por cierto, a la hora de escribir estas líneas ya no está disponible-, el programa –de pago- Internet Business Promoter y otros programas específicos. Además de numerosos cálculos manuales.

El tamaño de la muestra escogida -359- nos permite sacar conclusiones estadísticamente sólidas. El error muestral del estudio es de +/-5,2%, para un margen de confianza de 0,95.

No hemos encontrado ningún estudio previo de estas características, por lo que nos sentimos pioneros en este esfuerzo por arrojar luz a la cuestión. Tenemos la garantía de que el estudio es original.

Palabras clave escogidas

Las 359 palabras escogidas para el estudio son, por orden alfabético:

abarca	borrego	durango	hastío	moviles	sigüenza
acampada	botin	durazno	hocico	mundial	silvar
acelerar	búfalo	durmiente	horizontal	municion	sinverguenza
adefesio	bufar	ebano	horoscopo	nadal	somalia
adolfo	cabal	ecología	hostal	natalia	sonsoles
adornar	calor	edición	hoteles	negar	suerte
agua	camilo	efervescente	húmedo	noviciado	sumario
albacete	canciones	eficacia	ibero	novillos	sumerio
alierta	cándido	egipto	icade	oca	taciturno
almacenaje	cantautor	eliminar	idiomas	ofertas	tambor
almería	carbonero	embrollo	idóneo	orlando	tanzania
alonso	carlos	emilio	ignacio	ortega	televisor
alquiler	carpinteros	empezar	indómito	ortiga	temprano
amancio	casillas	empleo	ingles	oveja	tendón
amarillo	casino	empresa	inmaculada	ovidio	teodoro
amedrentar	castilla	encantada	inmortal	paris	termita
amor	cecilia	encuentros	inversión	parroquia	termópilas
ana	célebre	encuesta	irritar	pato	terremoto
analfabeto	cetme	erasmo	italia	patricia	teruel
anomalía	chistes	erizo	jaen	pedro	tomás
anuncio	clases	españa	jamon	pelicula	tontada
aparcar	coche	España	jarrón	pensiones	toser
apartamentos	colchones	especialista	javier	pentecostés	tragaluz
aragon	coliflor	establo	jíbaro	perro	trompicones
arancha	comer	estrella	jimena	pienso	tunez
aranda	comercio	eutanasia	joroba	playas	uganda
arándanos	comunicacion	eva	juerga	población	universidad
aries	concha	expansion	lanza	puercoespín	uranio
arroz	congreso	experto	lata	puño	uruguay
artec	onsolas	faja	leche	que	vaca
as	contactos	fama	lengua	querétano	vacaciones
asar	contaminar	familia	lérida	rajoy	valencia
ascensión	convergencia	fanta	lerma	rama	valladolid
asco	coraje	farruco	leyenda	rambo	valor
asuncion	crisis	fe	libros	ramiro	venecia
ataque	cubero	felipe	licuar	rancho	verano
atractivo	culebra	felix	lipotimia	refranes	viajes
bachata	cuzco	feliz	llamarada	religion	vicente
badalona	dama	fernando	llamazares	relincho	video
bailar	danza	fima	llanto	remar	videojuegos
baleares	daroca	final	llongueras	renfe	vigo
ballesta	datos	finiquito	lluvia	reunion	viruela
baloncesto	david	folio	londres	riga	voraz
bambi	debacle	fomento	longaniza	río	vuelos
bancos	debate	fontaneros	lorca	roberto	vuelta
barcelona	democracia	forraje	lorenzo	rodolfo	washington
barco	demostración	fotos	loteria	roja	wyoming
barniz	dentellada	francia	lunes	ropa	xavierre
beatriz	dentista	frente	luz	rugido	xilocopa
becas	deporte	fuente	madrid	rumania	ya
belén	derrape	fumigar	mandolina	salitre	yegua
benicasim	desnudo	futbol	marca	salud	yermo
berza	detención	gamberro	marciano	sara	yucatán
beso	dictadura	gamo	marta	segovia	zamarra
blog	discapacitado	garantía	master	seguros	zamora
bocadillo	diseño	gato	mercedes	sembrar	zapata
boina	disparar	gema	meritorio	senado	zapatero
boletín	dominicos	getafe	migajas	seul	zapato
bombardero	donaire	gula	mondadura	sevilla	zaragoza
borracho	dosal	hambre	mónica	sexo	

Variables analizadas

Explicamos a continuación las variables analizadas en el estudio:

Etiqueta título: etiqueta utilizada para definir el nombre de una página Web. Para obtener los resultados de este factor se utilizó la herramienta SEO Quake para Firefox. Indicamos si la página web contiene en su etiqueta título la palabra clave para la que aparece en primera posición (1), o no (0).

Extensión del texto: se refiere al número total de palabras que contiene el cuerpo de una página Web. Para obtener los resultados de este factor se utilizó la herramienta SEO Quake para Firefox, que cuenta el número de palabras de una página web.

Densidad de palabra clave (PC) en el texto principal de la página: Es el número (en porcentaje) de veces que se repite la palabra clave dentro del texto principal de la página web. Para obtener los resultados de este factor se utilizó la herramienta SEO Quake para Firefox.

PageRank (PR): marca registrada por Google. Consiste en una compleja fórmula matemática que otorga a cada página web un valor numérico –representado del 0 al 10-, en función de su importancia. Para obtener este valor se consultó la barra de herramientas de Google. Como ya hemos indicado, el valor real de PageRank no es lineal, sino exponencial, y por tanto los valores de la escala 0 a 10 son engañosos, ya que la distancia entre cada número es un factor 8 –el 2 es 8 veces más potente que el 1. Como veremos a continuación, hemos analizado también la cifra de PageRank real.

Número de enlaces entrantes externos: Es el número de hipervínculos (enlaces) que recibe una página Web desde otras páginas web de Internet. Para obtener el número de enlaces entrantes se utilizó la herramienta Yahoo Site Explorer.

Número de enlaces a todo el sitio Web: este criterio toma en cuenta los enlaces que recibe todo el sitio Web –página principal y todas las internas- desde otras páginas de Internet. Para obtener el número de enlaces entrantes a todo el sitio Web hemos utilizadola herramienta Yahoo Site Explorer.

Número de enlaces salientes: se refiere a la suma total de páginas Web externas que se enlazan desde una misma página Web. Para obtener este número se utilizó la herramienta SEO Quake para Firefox.

Número de enlaces internos: Se refiere a la suma total de enlaces a páginas o secciones interiores que se enlazan desde una misma página Web. Para obtener este número se utilizó la herramienta SEO Quake para Firefox.

Edad del sitio Web: este criterio toma en cuenta la antigüedad –en años- del sitio Web donde se aloja la página web que aparece en primera posición. Para obtener los resultados de este factor hemos utilizadola herramienta SEO Quake para Firefox.

Palabra clave en nombre del dominio: este factor toma en cuenta si el dominio principal del sitio Web donde se aloja la página web en primera posición, posee o no la palabra clave en cuestión. Para obtener este criterio basta con observar la URL de la página Web a estudiar.

Palabra clave en URL de la página: de igual manera que el criterio anterior, se toma en cuenta si la palabra clave está contenida en cualquier parte de la URL de la página analizada. En algunos casos la palabra clave está contenida fuera de la raíz del dominio. Ejemplo para la palabra "automóvil": http://es.wikipedia.com/wiki/automóvil. Para obtener este criterio basta con observar la URL de la página Web a estudiar.

Palabra clave coincide exactamente con nombre de dominio: se valora positiva (1) o negativamente (0), si el nombre del dominio principal donde se aloja la página web coincide exactamente con la palabra clave analizada. Para obtener este criterio basta con observar la URL de la página Web a estudiar.

Número de barras en la URL: se cuenta el número de barras (símbolo /) que contiene una página Web en su URL. Para obtener este criterio basta con observar la URL de la página a estudiar.

Número de páginas indexadas en Google de todo el sitio: contamos el número de páginas de un sitio Web que tiene indexadas Google en su índice. Este valor lo hemos obtenido a través del propio

Google.es, escribiendo site:dominio.com en el buscador.

Palabra clave en encabezado H1: los textos encabezado H1 son aquellos que se escriben entre las etiquetas <h1>...</h1> en el código HTML de una página Web. Este criterio lo hemos obtenido a través del programa Internet Business Promoter.

Palabra clave en encabezado H2: los textos encabezado H2, son los textos escritos entre etiquetas <h2>...</h2>, en el código HTML de una página Web. Este criterio lo hemos obtenido a través del programa Internet Business Promoter.

Palabra clave en etiquetas ALT: El atributo <alt> define un texto alternativo para imágenes y otros elementos de una página cuando el usuario usa un navegador de texto.para este factor se toma en cuenta si una página Web posee (1) o no (o) la palabra clave analizada en la etiqueta ALT. Este criterio lo hemos obtenido a través del programa Internet Business Promoter.

Uso (densidad) de palabra clave en etiquetas ALT: El atributo <alt> define un texto alternativo para imágenes y otros elementos de una página cuando el usuario usa un navegador de texto. Para este factor hemos tomado el número (en porcentaje) de veces que se repite la palabra clave en la etiqueta ALT de la página Web analizada .Este criterio lo hemos obtenido a través del programa Internet Business Promoter.

Uso (densidad) de palabra clave en texto ancla de enlaces internos: Este criterio se refiere a los textos de enlace de los hipervínculos que apuntan a una página Web de un mismo dominio. Se calcula el número (en porcentaje) de veces que se repite la palabra clave en los textos ancla de enlaces internos. Este criterio lo hemos obtenido a través del programa Internet Business Promoter.

Uso (densidad) de palabra clave en texto ancla de enlaces salientes: Este criterio se refiere a los textos de enlace de los hipervínculos que apuntan a una página Web externa al dominio analizado. Se calcula el número (en porcentaje) de veces que se repite la palabra clave en los textos ancla de enlaces salientes. Este criterio lo hemos obtenido a través del programa Internet Business Promoter.

Uso (densidad) de palabra clave en URLs de enlaces internos: Este criterio se refiere a las URLs de enlaces que apuntan a una página Web de un mismo dominio. Se calcula el número (en porcentaje) de veces que se repite la palabra clave en URLs de enlaces internos. Este criterio lo hemos obtenido a través del programa Internet Business Promoter.

Uso (densidad) de palabra clave en URLs de enlaces salientes: Este criterio se refiere a las URLs de enlaces que apuntan a una página Web externa al dominio analizado. Se calcula el número (en porcentaje) de veces que se repite la palabra clave en URLs de enlaces salientes. Este criterio hemos obtenido a través del programa Internet Business Promoter.

Uso (densidad) de palabra clave en la etiqueta descripción: la etiqueta descripción es utilizada para describir qué contiene una página Web. Este factor analiza la cantidad de veces (en porcentaje) que se repite la palabra clave en el texto descripción de la página Web analizada. Este criterio hemos obtenido a través del programa Internet Business Promoter.

Uso (densidad) de palabra clave en la etiqueta de palabras clave: La etiqueta Palabras Clave permite definir qué términos son importantes para una página Web. Este criterio toma en cuenta la cantidad de veces (en porcentaje) que se repite la palabra clave en la etiqueta de palabras clave. Este criterio lo hemos obtenido a través del programa Internet Business Promoter.

Uso (densidad) de palabra clave en la primera oración del texto principal: La primera oración del texto principal se encuentra después de la etiqueta <body> del código HTML de una página Web. Este factor analiza el número de veces (en porcentaje) que se repite la palabra clave en la primera oración del texto principal. Este criterio hemos obtenido a través del programa Internet Business Promoter.

4

LOS SECRETOS DE GOOGLE

4.1) La estrategia es lo primero

Como en todo, la primera clave para triunfar en Google es concebir una estrategia ganadora. Debemos saber antes que nada, cuál es nuestra audiencia objetivo y qué queremos hacer con nuestro sitio web. ¿Se trata de vender aparatos de gimnasio por internet? ¿Queremos influir en el debate político sobre un tema específico? ¿O somos una ONG que quiere que la gente apoye una causa concreta?

¿Cómo encontrará nuestra audiencia nuestro sitio web? ¿Cómo podemos convencerles para que nos compren lo que vendemos?

Dado que el universo de Google está fragmentado en palabras clave, lo primero será analizar cuáles son las que – solas o combinadas- nos interesan para lograr nuestros objetivos.

Después será conveniente estudiar en cuáles de ellas debemos competir, puesto que no será eficiente intentar destacar en todas. Y en ocasiones sería imposible.

Finalmente, tendremos que estudiar cómo encajan en nuestro sitio web las combinaciones de palabras clave que escojamos. Es decir, cómo se desarrollan y se relacionan entre ellas.

Hay libros que dedican varios capítulos a este tema. Te recomiendo, lector, si puedes leer bien en inglés, el libro de David Viney "Get to the Top on Google" que es uno de los mejores que he leído al respecto.

Si lanzamos un negocio online, por ejemplo una tienda que vende cajas de vino directamente a los consumidores, debemos analizar quiénes son nuestros clientes potenciales y cómo se comportan. También quiénes son los competidores que dominan el mercado y qué están ofreciendo. Un estudio de los consumidores, del mercado y de la competencia debería por tanto preceder a cualquier iniciativa online.

Volviendo a las combinaciones de palabras clave, hay dos preguntas fundamentales:

1) ¿Cuáles buscan nuestros clientes potenciales?
2) ¿Cuáles usan nuestros competidores?

Si sabemos las respuestas a estas dos preguntas, tendremos mucho terreno ganado.

El primer objetivo de un cliente suele ser aparecer el primero –o de los primeros- para el nombre de su empresa o o negocio. Bueno, esto es importante pero debería ser la parte fácil del trabajo. Podemos conseguir mucho más.

De la misma manera, es poco útil obtener posiciones destacadas para combinaciones de palabras clave que son importantes para el cliente, pero que nadie busca. Un cliente por ejemplo quiere aparecer en Google para la búsqueda "odontólogo colegiado en Madrid". Eso lo podemos lograr fácilmente, pero ¿Cuántos consumidores lo buscan? Es mejor destacar para la búsqueda "dentista en Madrid". Básicamente porque mucha más gente busca esa combinación.

Por otro lado, hay quién se empeña en obtener buenos resultados para palabras clave únicas (dentista, viajes, plantas). Esto tiene varias desventajas. Por un lado, el nivel de competencia es ya brutal para prácticamente cualquier palabra, por lo que es muy difícil lograrlo. Pero además, el 74,2% de la gente busca combinaciones de dos, tres o más palabras, mientras que sólo un 25,8% realiza búsquedas de una sola palabra.

Número de palabras en la búsqueda	Porcentaje de búsquedas
1	25.8%
2	22.8%
3	18.7%
4	13.2%
5 o más	19.5%

Fuente: ComScore 2011

Mucha más gente busca "dentista en Madrid -o en otra ciudad concreta" que "dentista". Y esa gente quiere algo concreto –un dentista en su ciudad- mientras que la persona que busque "dentista" puede ser un estudiante buscando una definición o un niño buscando qué significa esa palabra.

Es el concepto de "long tail" o cola larga. La gente busca, por ejemplo, viajes a un lugar concreto, más que la palabra "viaje" en general. Otro libro recomendable se llama precisamente así "the long tail".

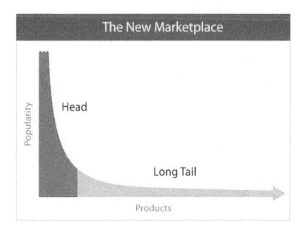

La gráfica anterior muestra la filosofía subyacente en una estrategia de "long tail". Aplicado a Google, quiere decir que hay muchas búsquedas de productos concretos, por ejemplo "cintas de correr de segunda mano" o "dentistas baratos en Valladolid". Es la base del éxito, por ejemplo, de amazon.com

Lo ideal es encontrar muchas combinaciones de varias palabras clave que la gente busca, pero que la competencia todavía no ha saturado.

Hay que evitar también la tentación de llenar las páginas web de nuestro sitio de textos ilegibles para el ojo humano, a base de repetir y repetir una palabra clave concreta -keyword stuffing. Una práctica que además está penalizada por Google, como veremos más adelante.

En resumen, hay que pensar en los usuarios potenciales, ponerse en su piel, y usar su lenguaje.

Y entonces ¿cómo saber lo que la gente busca?

En español contamos con una herramienta que suministra el propio Google.

Se trata de su herramienta para palabras clave.

https://adwords.google.es/o/Targeting/Explorer?__u=1000000000&__c =1000000000&ideaRequestType=KEYWORD_IDEAS

En realidad esta herramienta está pensada para ayudar a los clientes de Google, que compran su publicidad. Sin embargo, puede usarse también para saber cuántas búsquedas tienen una o varias palabras-clave concretas.

Hay que tener en cuenta que la herramienta no es muy precisa.

Por otro lado, los resultados varían según qué tipo de búsqueda sea. Los tipos de búsqueda de la publicidad de Google, usados por esta herramienta, son tres:

La más abierta se denomina amplia. Recoge datos de todas las búsquedas que contiene una palabra clave concreta.

Por ejemplo, si tenemos una agencia de viajes especializada en Marruecos, y que queremos lanzar un nuevo sitio web, estudiaríamos la palabra-clave Viajes a marruecos.
Búsquedas amplias de esa palabra clave serían todas estas:
Viajes de recreo **a marruecos**
Viajes en camello **a** tunez Argelia o **marruecos**
Oferta de vuelos y **viajes a marruecos** o el magreb
Viajes a marruecos

Después vendría la búsqueda por "frase". Incluye todas las búsquedas que contienen esa frase, en ese orden. En el ejemplo anterior, nos quedarían dos:
Oferta de vuelos y **viajes a marruecos** o el magreb
Viajes a marruecos

Finalmente, la búsqueda exacta se refiere a búsquedas de solamente esa palabra clave y nada más, en el orden apropiada. Sería:

Viajes a marruecos

Veamos los datos que nos ofrece la herramienta de palabras clave de Google para búsquedas relacionadas con viajes a Marruecos, en la modalidad de búsqueda amplia.

Palabra clave	Competencia	Búsquedas globales mensuales	Búsquedas locales mensuales
☐ viajes marruecos ▾	Alta	22.200	18.100
☐ viajes a marruecos ▾	Alta	22.200	18.100

☐ ✓ Guardar todo Ideas para palabras clave (100)		1 - 50 de 100 ▾ ‹ ›	
Palabra clave	**Competencia**	**Búsquedas globales mensuales**	**Búsquedas locales mensuales**
☐ viaje marruecos ▾	Alta	22.200	14.800
☐ viajar marruecos ▾	Alta	22.200	18.100
☐ ofertas viajes a marruecos ▾	Alta	1.000	880
☐ oferta viaje marruecos ▾	Alta	880	720
☐ viaje a marruecos ▾	Alta	22.200	14.800
☐ viajar a marruecos ▾	Alta	22.200	18.100
☐ viajes a marruecos desde sevilla ▾	Alta	170	140
☐ viajar por marruecos ▾	Alta	1.600	880
☐ viajes a marruecos baratos ▾	Alta	5.400	5.400
☐ viajes organizados marruecos ▾	Alta	260	260
☐ oferta viajes marruecos ▾	Alta	880	720
☐ es seguro viajar a marruecos ▾	Alta	110	91
☐ viaje por marruecos ▾	Alta	1.600	880

Además de esta herramienta, existen algunas otras de pago, para determinar la cantidad de búsquedas en inglés. Una de las más conocidas es wordtracker, en http://www.wordtracker.com/

Una vez que sabemos cuáles son las búsquedas más comunes, tendremos que analizar cuál es el grado de competencia que tiene cada una de ellas.

La forma más sencilla es estudiar cuántas páginas web aparecen para las operaciones de búsqueda de cada una de esas palabras clave.

Por ejemplo, para saber si merece la pena enfocarse en las palabras "viajes a marruecos" o "viajar a marruecos" podemos observar cuántos resultados ofrece la búsqueda exacta de ambas.

"viajes a marruecos" obtiene 362.000 resultados, mientras que "viajar a marruecos" cuenta con 253.000 resultados.

Dado que, según Google, ambas palabras-clave tienen el mismo número de búsquedas, con estos datos deberíamos elegir "viajar a marruecos" puesto que tiene menos competencia.

La página principal –home- de nuestro nuevo sitio web debería centrarse en esa palabra clave primaria –"viajar a marruecos".

Otras secciones de nuestro sitio web deberían centrarse en búsquedas secundarias y terciarias.

Por ejemplo, "viajar barato a marruecos", "viajar al desierto de marruecos" "viajar a Marrakesh en marruecos, "viajar a Casablanca en Marruecos", etc.

Aunque podemos decidir optimizar una página web para varias palabras-clave, una misma palabra-clave o frase debe optimizarse en una sola página web de nuestro sitio. De lo contrario, entraríamos en una "canibalización" de palabras-clave que nos debilitaría ante Google.

4.2) Indexación: para ganar hay que inscribirse en la carrera

Antes de pasar a analizar cuáles son los factores cruciales a la hora de obtener buenos resultados en Google debemos explicar, siquiera de forma resumida, el tema de la indexación en Google. Para lograr ganar una carrera, primero debemos inscribirnos. Si una página web no está indexada en el índice de Google, es metafísicamente imposible que pueda lograr una buena posición en sus resultados de búsquedas. Por el contrario, no aparecerá en ningún resultado.

Como ya hemos explicado Google tiene una serie de robots automáticos. El más famoso de ellos es el llamado Googlebot. Se trata del robot principal de rastreo web de Google, también denominado "araña" –en inglés spider. Googlebot rastrea Internet constantemente, descubre páginas nuevas y contenidos actualizados de páginas viejas y añade todo ello al índice de Google.

Google usa una ingente cantidad de equipos informáticos para este proceso de "digestión" de miles de millones de páginas web. Googlebot utiliza un proceso de rastreo algorítmico: unas complejas fórmulas matemáticas determinan los sitios que tiene que rastrear, la frecuencia y el número de páginas web que tiene que buscar en cada sitio. Ese proceso comienza con una lista de URLs de páginas web generada a partir de procesos de rastreo anteriores y se amplía con los datos que ofrecen los webmasters. A medida que Googlebot visita cada uno de esos sitios web, detecta enlaces en sus páginas y los añade a la lista de páginas que debe rastrear. Los sitios nuevos, los cambios en los existentes y los enlaces obsoletos se detectan y se utilizan para actualizar el índice de Google. Esto significa que Google tiene en su "estómago", en todo momento almacenada una copia del 99% de Internet –imaginemos la enorme cantidad de datos que eso supone- Esta copia puede consultarse durante un mes, incluso si la página web ya no está disponible, en la función "memoria caché" de los resultados de búsqueda. Ahí nos muestra Google la última copia que tiene de una página web, así como el momento en que Googlebot obtuvo los datos.

La imagen muestra la memoria "caché" de la página web de la Wikipedia para la palabra Googlebot

Googlebot

Googlebot es el robot de rastreo web de Google (en ocasiones, también denominado "araña"). El rastreo es el proceso mediante el cual **Googlebot** descubre páginas nuevas y actualizadas y las añade al índice de Google.

Utilizamos una enorme cantidad de equipos informáticos para obtener (o "rastrear") miles de millones de páginas de la Web. **Googlebot** utiliza un proceso de rastreo algorítmico: a través de programas informáticos se determinan los sitios que hay que rastrear, la frecuencia y el número de páginas que hay que buscar en cada sitio.

El proceso de rastreo de **Googlebot** comienza con una lista de URL de páginas web generada a partir de procesos de rastreo anteriores y se amplía con los datos de los sitemaps que ofrecen los webmasters. A medida que **Googlebot** visita cada uno de esos sitios web, detecta enlaces (SRC y HREF) en sus páginas y los añade a la lista de páginas que debe rastrear. Los sitios nuevos, los cambios en los existentes y los enlaces obsoletos se detectan y se utilizan para actualizar el índice de Google.

Para webmasters: **Googlebot** y tu sitio

Cómo accede **Googlebot** a tu sitio

▼ Relacionado

Googlebot bloqueado
Rastreo e indexación

Rastreo de las URL de un sitemap
A través de las Herramientas para webmasters de Google › Optimización

Optimización de motores de búsqueda (SEO)
Sitios que se ajustan a los requisitos de Google › Directrices generales

Google Sites
A través de las Herramientas para webmasters de Google › Cuentas y verificación

Preguntas frecuentes de webmasters
Cómo empezar

Aquí se observa en detalle el contenido de la página web en la memoria "caché" de Google. Podemos leer que Googlebot pasó por ahí el 4 de noviembre, 9 días antes de escribir estas líneas.

Googlebot calcula con qué frecuencia debe pasar por una página web concreta, en función de lo poco o mucho que esa página web se actualiza. Si la página web cambia cada poco tiempo, Googlebot tratará de visitar la página web a menudo, en esa misma frecuencia. Si por el contrario, la página web cambia aproximadamente una vez al mes, Googlebot la visitará cada 30 días. Los webmasters pueden solicitar a google la modificación de esta frecuencia de rastreo, dentro de la herramienta de webmasters tolos, en:

http://support.google.com/webmasters/bin/answer.py?hl=en&answer=48620

Googlebot coordina los distintos equipos rastreadores, que normalmente provendrán de centros de datos cercanos a las páginas indexadas.

En el archivo robots.txt le indicamos a Googlebot las páginas que debe rastrear. También podemos usarlo para bloquear el acceso de los robots de rastreo a una parte o la totalidad de nuestro sitio web. Este archivo robots.txt se debe ubicar en el directorio principal del servidor - por ejemplo, www.misitioweb.com/robots.txt.

Googlebot encuentra sitios web nuevos siguiendo enlaces entre páginas web. En la página.

Problemas y dificultades de indexación

Googlebot no podrá acceder a contenidos que requieren un registro

–log in- o un pago previo.

Por otra parte, los archivos de Flash, JAVA, Adobe Shockwave, audio y video son contenidos que Googlebot, por lo general, no podrá rastrear. En principio, Googlebot sólo puede leer texto y es ciego para todo lo demás. De ahí el uso de atributos ALT, que veremos posteriormente.

Lo mismo ocurre con JavaScript asíncrono y XML, más conocido como AJAX. Las aplicaciones AJAX son problemáticas a la hora del rastreo. Es preferible evitarlas siempre que sea posible.

¿Qué debemos hacer para conseguir que Google indexe nuestros contenidos?

Conseguir que Google permita que "nos registremos en la carrera" de sus resultados, es decir, que indexe nuestros contenidos, es relativamente fácil.

Bastará con comunicárselo directamente en:

http://www.google.com/intl/es/submit_content.html

O bien enlazar desde una página web indexada a la página web nueva que queremos indexar en Google. Al rastrear la página existente, Googlebot añadirá la página nueva.

Para lograr que indexe adecuadamente nuestros contenidos, deberemos tener presente lo anterior, y facilitar la tarea de Googlebot a la hora de procesar los textos más importantes.

Por otro lado, Googlebot no indexará una página web si la considera una copia de alguna página web ya existente.

Y una vez indexados, debemos evitar a toda costa que Google nos eche de su índice. Lo hará si detecta malas prácticas. Esa desindexación, mucho peor que una "excomunión" papal, nos arrojaría a la muerte civil en Internet.

Estar indexado nos permite correr en la maratón, aunque no garantiza que la ganemos.

4.3) Secretos para ser relevante: factores internos

Para obtener buenos resultados en Google, hay que tener en cuenta tres tipos de factores:

-Los que atañen a la relevancia. Son los factores internos.
-Los que atañen a la popularidad. Son los factores externos.
-Los que atañen al sitio web. Son los factores estructurales.

Vamos a detallar a continuación los secretos que darán a nuestras páginas web relevancia ante Google.

Son los factores de posicionamiento interno, llamadas onpage –en la página- porque dependen de la programación y contenidos de nuestra propia página web. Son factores que podemos gestionar.

Si comparamos la obtención de buenos resultados en Google con la construcción de un rascacielos, estos factores de posicionamiento internos serían los cimientos. Son una condición necesaria, no suficiente, para alcanzar la cumbre. Si nos equivocamos al construir los cimientos, que son la base del rascacielos, es muy difícil que logremos llegar alto. Pero sólo con los cimientos no lo lograremos.

Para optimizar los factores internos, tenemos que haber elegido estratégicamente cuál es la palabra-clave o las palabras-clave de cada página web. Después nos aseguraremos de que todo en esa página web, desde la meta-etiqueta título hasta la url, pasando por el contenido, está enfocado a esa palabra clave.
de forma resumida, el tema de la indexación en Google. Para lograr ganar una carrera, primero debemos inscribirnos. Si una página

A Google le gustan los títulos

Un primer factor de posicionamiento interno es la meta-etiqueta título de una página web. La meta-etiqueta título -title meta tag en inglés- del documento es el texto que está dentro de las etiquetas <title>...</title> en el código de una página Web.
No obstante, podemos ver fácilmente la etiqueta título de cada página sin acceder al código, puesto que es el texto que aparece en letras blancas sobre fondo azul en el navegador al entrar en una página web.

Por ejemplo, si buscamos Dea en Google.es, encontramos en primer lugar la siguiente página web:

http://es.wikipedia.org/wiki/Drug_Enforcement_Administration

Se trata de la agencia antidrogas de los Estados Unidos. Al entrar en ella, vemos que arriba podemos leer la etiqueta título, en este caso:

Drug Enforcement Administration - Wikipedia, la enciclopedia libre

Hay un consenso generalizado entre los diversos expertos acerca de lo fundamental que es la presencia de la palabra-clave en la etiqueta título de una página web para que ésta aparezca en las primeras posiciones de la búsqueda de esa palabra-clave.

El experto David Viney en su obra de referencia *How to get to the top on Google* (2008) afirma que:

"La etiqueta título es el resumen más importante, que explica de qué trata una página. Como tal, es el factor interno que más peso tiene en el algoritmo de Google" (Viney 2008: 98)

Los expertos Fernando Maciá y Javier Gosende en su obra Posicionamiento en buscadores(2009) opinan lo mismo. Afirman que:

"Un buen título es uno de los factores on page (internos) más importantes de una página para el cálculo de la relevancia por los buscadores", (Maciá y Gosense: 314)

Nuestro estudio realizado para 359 páginas web que logran la primera posición en google.es muestra la importancia de la meta-etiqueta título.

Veamos los datos al respecto:

PRESENCIA DE LA PALABRA CLAVE EN LA ETIQUETA DEL TÍTULO

	Número de Páginas web	Porcentaje	Porcentaje acumulado
No contiene la palabra-clave en la etiqueta título	24	6,7	6,7
Contiene la palabra-clave en la etiqueta título	335	93,3	100,0 -
Total	359	100,0	

Como podemos observar, un 93,3% (335 de 359) de las páginas web en primera posición contiene la palabra clave para la que se posiciona en su etiqueta-título. Hay escasas excepciones como algunas páginas web que aparecen en primer lugar para las palabras clave "gato", "perro", "deportes" o "jíbaro". Se trata en algunos de estos casos excepcionales de páginas de la Wikipedia, lo cual explica la anomalía puesto que es un sitio web muy potente y cuenta con un trato especialmente favorable en los resultados de Google.

Podemos concluir que Google considera fundamental este factor de posicionamiento, y que *para que una página web logre ocupar la primera posición para una búsqueda determinada es condición cuasi-necesaria que contenga esa palabra clave en su etiqueta título.*

Por tanto, si aspiramos a posicionar una página web para una palabra clave concreta, es **fundamental que contenga en su meta-etiqueta título esa palabra clave**

Lo cual nos lleva a otro consejo. Si queremos posicionar nuestro sitio web para distintas palabras-clave, lo ideal es que **optimicemos muchas de nuestras páginas web para diferentes palabras-clave**. Como parte de esa optimización, cada una de las páginas web debe tener una meta-etiqueta-título única, adaptada a la palabra-clave específica para la que queremos posicionar esa página web.

Por ejemplo, en el sitio web es de vuelos baratos.

http://www.vuelosbaratos.es/

Encontramos la página web de vuelos baratos a Barcelona

http://www.vuelosbaratos.es/vuelos-a/barcelona-espa%C3%B1a.htm

cuya meta-etiqueta-título es:
Vuelos Barcelona – Ofertas de vuelos baratos a Barcelona, España

Esa es un ejemplo de cómo gestionar adecuadamente las meta-etiquetas título.

Otros consejos:
-**Coloca las palabras-clave prioritarias al principio de la etiqueta-título**. Si además quieres usar el nombre de una empresa, marca o el sitio web general, hazlo detrás de la palabra-clave.
-**Limita la extensión total de la meta-etiqueta título a 65 caracteres (con espacio), que es lo que procesa Google.**
-**Utiliza varias palabras-clave** si es necesario, en caso de que esa página web esté optimizada para varios términos o creas que le aporta algo. Por ejemplo, un título puede ser "cintas de correr, cintas de andar" si la página web aspira a posicionarse para ambas palabras-clave.
-**Incorpora la intención** de la persona que busca en la etiqueta, siempre que sea posible.
Por ejemplo, si alguien quiere comprar una caldera de gas, el título puede ser "calderas de gas: compra e instala tu caldera"
-**Sé consistente** a lo largo de todo el sitio web. Que todas las etiquetas-título sigan el mismo patrón en todas tus páginas web.

Otras meta-etiquetas

La meta etiqueta de descripción es un texto que aparece sólo en el código de la página web. Al entrar en la página web, el usuario no la ve. Se supone que ese texto debe reflejar de forma sucinta de qué trata la página web en cuestión. Pero además de que lo leen los rastreadores en el código, tiene la particularidad de que ese texto es el que aparece en los resultados de búsqueda de Google. El usuario lo verá sólo en ese momento, no al entrar a la página web.

google chrome	Buscar

Aproximadamente 69.800.000 resultados (0,09 segundos) Búsqueda avanzada

Descarga **Google Chrome** Enlace patrocinado
www.google.es/chrome Buscar es fácil y rápido con el navegador web de **Google**.

Consigue **Google Chrome**, un nuevo y rápido navegador para PC, Mac y ...
El diseño minimalista de **Google Chrome** se combina con tecnología sofisticada para que el uso de la Web sea más rápido, seguro y fácil.
www.google.com/chrome?hl=es - En caché - Similares

Temas de artistas de Chrome   Acuerdo de términos y condiciones

En general se le da una importancia relativa a la meta-etiqueta descripción.

Viney afirma que "la mayoría de las meta-etiquetas descripción tienen escaso valor para el posicionamiento. Los buscadores –Google en particular- le prestan cada vez menos atención, porque han abusado de ellas y su contenido no aparece en la página web", (Viney, 2008: 103).

Fernando Maciá y Javier Gosende están de acuerdo con él: "Estas metaetiquetas (descripción y palabras clave) se emplearon originalmente para facilitar a los buscadores información sobre el contenido de las páginas. El abuso que se hizo de ellas, junto con la progresiva sofisticación de los buscadores, les ha restado mucha importancia en el cálculo de la relevancia de una página." (Maciá y Gosende 2008: 320)

En nuestro estudio empírico, un 36,5% de las páginas web contiene la palabra clave en su meta-etiqueta descripción. Entre las que lo usan están páginas webs en primeras posiciones de palabras clave muy competitivas –viajes, vuelos, contactos, casino, ofertas, sexo, hoteles, videojuegos. Por lo que podemos concluir que las meta-etiquetas descripción tienen alguna importancia.

La página web que aspire a alcanzar destacadas posiciones en Google debería por tanto optimizar la meta-etiqueta descripción para la palabra clave objetivo –para la que quiera posicionarse. Además de ayudar a posicionar la página web, tiene un beneficio adicional, ya que en los resultados de búsqueda la palabra clave contenida en la etiqueta-descripción aparecerá en negrita –lo cual aumenta las probabilidades de que el usuario pinche.

Por otro lado, es conveniente que la etiqueta-descripción no sobrepase los 160 caracteres que procesa Google.

Meta-etiqueta de Palabras Clave

La meta-etiqueta de Palabras Clave o *Meta Keywords* tag permite definir qué términos son importantes para la página Web. Debería ser colocada entre las etiquetas <head>...</head> del código HTML de la página Web.

Ejemplo: <meta name="keywords" content="palabra clave, otra palabra clave">

La mayoría de los "gurús" le otorgan una importancia muy pequeña o nula. Viney afirma: "lamento decir que la meta-etiqueta palabra clave es prácticamente inútil para mejorar las posiciones en Google. Han abusado tanto de ella, que parece que Google ya no le hace ningún caso." (Viney 2008:104).

Ya hemos visto que Fernando Maciá y Javier Gosende están de acuerdo con él.

Javier Casares tiene otro punto de vista: " Un buen META Keywords viene dado de la relación de las palabras con el contenido que hay en la página. Si esa lista de palabras coincide con las que el buscador considera más importantes, le dará un valor superior al sitio." (Casares 2009: 22)

Por su parte, Richard Geasey y Shannon Evans, en su obra *Get Found Now, Search Engine Optimization Secrets Exponed* (2010) afirman que: "nosotros le sugerimos incluir las meta-etiquetas de palabras clave, porque si todo lo demás está igualado, pueden inclinar la balanza a su favor" (Geasey y Evans 2010: 29)

En el estudio empírico, un 26% de las páginas web contiene la palabra clave en la meta-etiqueta palabras clave –keywords meta-tag en inglés.

Más de una cuarta parte de las páginas en primeros lugares usa estas etiquetas, que muchos estudiosos se han precipitado en calificar de obsoletas. Es posible por tanto que Google todavía las tenga en cuenta para algo.

Curiosamente, en el momento de escribir estas páginas, Google ha anunciado que tendrá en cuenta las meta-etiquetas de palabras clave para su algoritmo de Google News, a la hora de clasificar noticias.

A falta de más investigación, podemos concluir que las meta-etiquetas palabras clave probablemente tienen más importancia de lo que creen los expertos –que no le dan ninguna importancia- aunque eso no las convierte en uno de los factores principales.

Meta-etiqueta ALT

El atributo <img alt> define un texto alternativo para una imagen cuando el usuario emplea un navegador de texto o desactiva la visión de imágenes en su navegador Web. Internet Explorer muestra ese texto alternativo si el usuario pone el cursor sobre la imagen. Es un criterio de escasa importancia para los buscadores, según la mayoría de los expertos.

Jerri Ledford opina que: "Hay mucho debate acerca del valor de las etiquetas alt para optimizar el posicionamiento en buscadores. Han abusado mucho de ellas. [..] En cualquier caso, pueden jugar un pequeño papel en la mejora de las posiciones." (Ledford, 2008: 109)

¿Y qué dice la investigación empírica?
Un 34,8% de las páginas web contiene la palabra clave en la etiqueta alt. Podemos deducir que estos atributos tienen alguna importancia, ya que más de un tercio de las páginas web "ganadoras" los usa.

El contenido es el rey ¿O no tanto?

Google no se cansa de repetir que el contenido es el rey "Content is king" para determinar sus resultados de búsqueda. Supuestamente, la mejor manera de alcanzar elevadas posiciones es creando contenidos útiles e interesantes para los usuarios.
A sabiendas de que Google no siempre –o más bien casi nunca- dice toda la verdad acerca de su algoritmo, es de interés verificar si en efecto el contenido es un factor importante.
Vamos a analizar el texto de una página web –el contenido por excelencia.
¿Cuántas palabras debe tener el texto de la página web? ¿Puede haber una página con muy poco texto que logre entrar en la primera posición de Google?

Así como hay un claro consenso respecto a otros criterios, no ocurre lo mismo con este criterio de la extensión del texto de la página web. Podemos observar gran disparidad en las opiniones de los expertos. Por un lado, un prestigioso experto como David Viney nos dice que "Por temas de densidad, recomiendo a mis clientes páginas de entre 450 y 600 palabras. Si necesitas poner más palabras, entonces hay que usar otras páginas. [..]. Hay muchas y buenas razones para mantener corto el texto de la página." (Viney 2008: 109).

Por otro lado, el experto Javier Casares dice en su guía SEO que "El contenido es el elemento de mayor importancia para cualquier sitio web. No importa lo sofisticados que se vuelvan los buscadores o cuántos factores externos se agreguen a los algoritmos, en definitiva, lo que juega un rol vital a la hora de los rankings es el contenido textual principalmente, junto al resto de contenidos que se puedan ir añadiendo (imágenes, vídeos...)." (Casares 2009: 26) ¿Qué dice nuestro estudio?

Un 81,6% de las páginas web en primeras posiciones contienen 200 o más palabras de texto.

No obstante, es interesante comentar que hay 66 páginas web -un 18,4% del total de casos estudiados- que obtienen una primera posición en el resultado de búsqueda y sin embargo contienen menos de 200 palabras de texto.

La lista de estas páginas web y su palabra clave es la siguiente:

Palabra clave	Página web en primera posición en Google.es	Nº palabras de texto
teodoro	http://www.pajareriateodoro.com/index2.htm	0
ana	http://www.anaymia.com/	2
benicasim	http://www.benicassim.es/	2
llongueras	http://www.llongueras.com/	2
marta	http://djmarta.com/	2
senado	http://www.senado.es/	2
valor	http://www.valor.es/	2
lipotimia	http://www.hipernatural.com/es/enflipotimia.html	4
sevilla	http://www.sevillafc.es/	6
camilo	http://siemprecamilosesto.com/	10
dentellada	http://www.dentellada.com/	17
sigüenza	http://www.siguenza.com/	20
valencia	http://www.valencia.es/	20
encantada	http://www.disney.es/FilmesDisney/encantada/	21
almería	http://www.udalmeriasad.com/	30
sara	http://www.sara.es/	33

mercedes	http://www.mercedes-benz.es/	38
estrella	www.laestrella.es/	47
refranes	http://www.terra.es/personal/maropabe/refranes.htm	54
video	http://video.google.es/	60
playas	http://www.esplaya.com/	61
adolfo	http://www.adolfodominguezshop.com/	62
juerga	http://www.juerga.com/	65
cubero	http://www.cubero.es/	66
xavierre	http://www.xavierre.com/	70
patricia	http://www.patricia.es/index.html	79
inmortal	www.inmortal.net	91
gamo	http://es.gamo.com/	95
lerma	http://www.citlerma.com/	104
roberto	http://www.pergaminovirtual.com.ar/nombres/roberto.html	110
seguros	http://www.mapfre.com	112
renfe	http://www.renfe.com/	115
becas	www.educacion.es/educacion/becas-y-ayudas.html	127
fumigar	http://www.wordreference.com/sinonimos/fumigar	142
silvar	http://www.wordreference.com/ptes/silvar	144
mondadura	http://www.wordreference.com/sinonimos/mondadura	148
moviles	http://www.moviles.com/	156
encuentros	http://www.elplanazo.com/	157
debacle	http://www.wordreference.com/definicion/debacle	158
tontada	http://www.wordreference.com/definicion/tontada	159
farruco	http://www.wordreference.com/definicion/farruco	160
blog	http://www.blogger.com/	164
pensiones	http://www.seg-social.es/Internet_1/Trabajadores/PrestacionesPension10935/index.htm	164
efervescente	http://www.wordreference.com/definicion/efervescente	167
loteria	http://onlae.terra.es	169
yermo	http://www.wordreference.com/definicion/yermo	169
durango	http://www.durango-udala.net/	172
bufar	http://www.wordreference.com/definicion/bufar	174
ramiro	http://www.educa.madrid.org/web/ies.ramirodemaeztu.madrid/	175
boletín	http://www.boe.es/	178
bailar	http://www.cuatro.com/fama/	180
indómito	http://www.wordreference.com/definicion/indómito	182
voraz	http://www.wordreference.com/definicion/voraz	182
durmiente	http://www.wordreference.com/definicion/durmiente	184
licuar	http://www.wordreference.com/definicion/licuar	185
zamarra	http://www.wordreference.com/definicion/zamarra	185
donaire	http://www.wordreference.com/definicion/donaire	186
gamberro	http://www.wordreference.com/definicion/gamberro	186
relincho	http://www.wordreference.com/definicion/relincho	188
toser	http://www.wordreference.com/definicion/toser	188
idóneo	http://www.wordreference.com/definicion/idóneo	189
valladolid	http://www.realvalladolid.es/	189
célebre	http://www.proverbia.net/	191
meritorio	http://www.wordreference.com/definicion/meritorio	192
amedrentar	http://www.wordreference.com/definicion/amedrentar	199

Hay que resaltar que 21 de estas páginas web se alojan en el sitio web www.wordreference.com, que tiene mucha fuerza y cuenta por sus características –como veremos más adelante- con el favor de Google, que trata bien sus resultados. Muchas de las restantes páginas web contienen la palabra clave dentro de su nombre de dominio, lo que les da una fuerza adicional.

Por otro lado, un 72,1% de las páginas webs analizadas contienen más de 300 palabras.

Y el 49,9% de las páginas web en primeras posiciones están por encima de las 700 palabras de texto.

La extensión del texto oscila entre las cero palabras detectadas en el texto de http://www.pajareriateodoro.com/index2.htm –debido a su programación, que permite ver texto al ojo humano pero no a las arañas de los buscadores- y las 26.942 palabras que contiene la entrada de la Wikipedia acerca de arte, http://es.wikipedia.org/wiki/Arte, que consigue aparecer en primer lugar cuando buscamos la palabra clave Arte.

Debemos destacar que las 15 páginas web que más texto contienen son entradas de la Wikipedia.

La media de palabras por página, para todos los casos analizados, es de 2.108. Una cifra más elevada de lo esperado. Se trata de un hallazgo importante, puesto que como hemos indicado antes, no faltan los expertos que recomiendan limitar el número de palabras del texto de las páginas web, consejo que se revela, a la vista de este resultado, prescindible. Más bien habría que recomendar lo contrario, a la luz de los resultados, conviene que una página web tenga un texto extenso –siempre y cuando sea relevante, como son las páginas de la Wikipedia, y mantenga densidades razonablemente elevadas.

Queda claro que la extensión de texto no es por tanto un factor parabólico –hay un punto a partir del cual aumentar el texto es contraproducente- sino más bien lineal –cuanto más texto, mejor, siempre que se mantenga una densidad de palabra clave –esto lo veremos más adelante- adecuada.

Sin embargo, a la vista de todas esas páginas web que se cuelan en primeras posiciones sin apenas texto –casi un 18,4% del total de casos estudiados obtienen una primera posición en el resultado de búsqueda y sin embargo contienen menos de 200 palabras de texto-si el contenido es el rey, Google debe ser, a ratos, republicano.

Densidad, divino tesoro

Parece lógico pensar que Google bonificará aquellas páginas web que tengan relevancia textual para una palabra-clave determinada. Si un usuario busca *Caballos* en Google, intuitivamente esperaremos que las páginas que aparecen en posiciones destacadas contengan textos descriptivos que repiten un número de veces la palabra "caballo" o "caballos" o sus sinónimos -aunque sea un buscador textual y no semántico, Google sí es capaz de procesar sinónimos como si fueran la palabra buscada. Este criterio se denomina densidad de la palabra clave en el texto de la página, y es el resultado de dividir las veces que aparece una palabra clave concreta entre el total de palabras del texto de esa página web.

Ahora bien, lógicamente podemos pensar que el diseñador de una página web, a sabiendas de la importancia de esta relevancia textual, rellene el texto de la página de la palabra clave en la que más le interesa destacar. De esa manera, una página web de viajes a Marruecos podría poner esas palabras –Viajes, Marruecos, viajes a Marruecos- por todo el texto, de forma que se repitan multitud de veces. Esta práctica se denomina relleno de palabras clave –keyword stuffing en inglés- y está penalizada por Google En palabras de David Viney "los usuarios se irritan ante páginas con uso excesivo de palabras clave –relleno de palabras clave- y los filtros de Google detectan estos patrones artificiales y los penalizan" (Viney 2008: 30)
Por tanto, estamos claramente ante un factor de posicionamiento de efecto parabólico. El algoritmo de Google premia una densidad razonable de una palabra clave en el texto de la página, pero penaliza densidades anormales o manipuladas. Los expertos conocedores de la naturaleza de este factor afirman que la densidad ideal de la palabra clave en el texto de la página oscila entre un 2% (la palabra en cuestión se repite dos veces por cada cien palabras) y un 7% (la palabra se repite siete veces por cada cien palabras). La experta Jerri Ledford nos cuenta en su *SEO Bible*, (2009) que "Algunos expertos dicen que la densidad de la palabra clave (se refiere en el texto principal) debe estar entre un 5% y un 7%. Otros sugieren que sea algo más alta o más baja." (Ledford 2009: 67)

Por otro lado, el mismo Viney afirma que: "la densidad del texto de la página web debería ser del 2% al 4% para cada palabra o palabras clave", original en inglés, (Viney 2008: 110)

Es de gran interés estudiar por tanto, las dos siguientes cuestiones:

a)¿Cuál es el porcentaje ideal de densidad de palabra clave en el texto de una página web?

b)¿Cuál es el máximo porcentaje de densidad que permite a una página web colocarse en los primeros lugares?

La respuesta aproximada a esta primera pregunta nos la dará la media de todas las páginas web en la primera posición de google para las distintas palabras clave del estudio empírico. Veremos al calcularla si ese porcentaje está dentro de la horquilla que se baraja con frecuencia –entre el 2% y el 7%- y que podríamos considerar el consenso científico al respecto.

Las densidades máximas en las páginas situadas en las primeras posiciones nos darán la respuesta a la segunda pregunta. En otras palabras, veremos cuáles son, con independencia de la media, las densidades más elevadas que logran situarse en los primeros lugares.

¿Y cuáles son los resultados?

La densidad media de todas las páginas web en primeras posiciones estudiadas es de 2,35% (de cada cien palabras de texto en la página web, la palabra clave se repite algo más de dos veces).

La densidad de todas ellas oscila entre el 0% y el 21,56%.

Debemos destacar que sólo hay 11 páginas ganadoras con densidad de la palabra clave en el texto por encima del 7%. Son las siguientes páginas web:

P.C.	Página web	Densidad
lengua	http://es.wikipedia.org/wiki/Lengua	7,27
mercedes	http://www.mercedes-benz.es/	7,89
gamo	http://es.gamo.com/	8,42
aries	http://www.euroresidentes.com/horoscopos/signos/signo-aries.htm	9,79
valencia	http://www.valencia.es/	10

moviles	http://www.moviles.com/	10,9
dosal	http://www.dosal.cl/	11,19
botin	http://www.botin.es/	12,12
empleo	http://www.empleo.com/	12,61
apartamentos	http://www.niumba.com	15,54
coliflor	http://www.arecetas.com/coliflor/index.html	21,56

Por el otro extremo, hay 199 páginas web con densidades inferiores a 2% y 78 páginas web con densidades menores de 1%, que logran la primera posición.

Este resultado confirma que una densidad por encima del 7% o por debajo del 1% dificulta lograr una primera posición en Google, aunque hay que añadir que en determinadas circunstancias, no lo impide. **Un 75,2% de las páginas en primeros lugares tienen densidades entre 1% y 7%.**

Por tanto, si quieres que tu página web llegue a las primeras posiciones, usa un texto que tenga una densidad de palabra clave de alrededor del 3%, y si es posible que no sobrepase el 7% ni descienda por debajo del 1%.

El nombre del dominio ¿importa?

La importancia del nombre del dominio en el posicionamiento en Google es tema de discusión entre los "gurús" de internet.

¿Beneficia a una página web que quiere posicionarse para la palabra clave *Ensaladas* tener el dominio www.ensaladas.com?

David Viney expresa claramente su opinión: "Puede que hayas oído en numerosos foros de posicionamiento en buscadores que los dominios que corresponden con palabras clave son una pérdida de tiempo. Quien siga ese consejo perderá una de las herramientas más poderosas del posicionamiento en Google. [....] Reitero mi opinión: el nombre del dominio es importante." (Viney 2008: 74)

Casares por su parte afirma que: "Uno de los elementos más importantes de un sitio web es su dominio. Si quieres que tenga algún peso en posicionamiento es interesante que contenga la palabra clave principal del proyecto. Esto no significa que sea imprescindible, pero ayudará a mejorar la posición en la mayoría de motores de búsqueda." (Casares 2009:17)"

Por otro lado, un experto como Michael Monahan ni siquiera habla del nombre de dominio en su reciente obra: *SEO Secrets for 2010*, mientras que Jerri Ledford tiene una opinión intermedia y matiza que "El nombre del dominio es igual de importante que muchos otros criterios en los que no se concentra. [...] No será decisivo, pero puede tener algún efecto." (Ledford 2008: 40)

¿Y qué nos dice nuestra investigación?

En el estudio empírico hay un 28,41% de páginas en primeras posiciones que contienen la palabra clave en alguna parte del nombre de su dominio. Este caso se da en 102 páginas, que son las siguientes:

P.C.	Web en primera posición	P.C.	Web en primera posición
emilio	http://emilio.aesinformatica.com/	clases	http://www.clasespasivas.net/
gamo	http://es.gamo.com/	aranda	http://www.arandadeduero.es/
finiquito	http://www.finiquito.es/	mercedes	http://www.mercedes-benz.es/
marta	http://djmarta.com/	sevilla	http://www.sevillafc.es/
dosal	http://www.dosal.cl/	consolas	http://www.consolas.es/
forraje	http://losforraje.blogspot.com/	salud	http://www.salud.com/
sara	http://www.sara.es/	rodolfo	http://rodolfocarpintier.com/
adolfo	http://www.adolfodominguezshop.com/	zamora	http://www.zamora.es/
moviles	http://www.moviles.com/	baleares	http://www.illesbalears.es/
teodoro	http://www.pajareriateodoro.com/index2.htm	vuelta	http://www.lavuelta.com/
cubero	http://www.cubero.es/	municion	http://www.municion.org/
lerma	http://www.citlerma.com/	getafe	http://www.getafecf.com/
ana	http://www.anaymia.com/	lorca	http://www.lorca.es/
dama	http://www.damautor.es/	javier	http://webcatolicodejavier.org/
patricia	http://www.patricia.es/index.html	barco	http://www.barco.com/
valor	http://www.valor.es/	convergencia	http://www.convergencia.cat/
tragaluz	http://www.grupotragaluz.com/	fomento	http://www.fomento.es
juerga	http://www.juerga.com/	valladolid	http://www.realvalladolid.es/
llongueras	http://www.llongueras.com/	durango	http://www.durango-udala.net/
colchones	http://www.ventadecolchones.com/	zaragoza	http://www.zaragoza.es/
estrella	www.laestrella.es/	almería	http://www.udalmeriasad.com/
ibero	http://www.iberocruceros.com/esp/	fotos	http://www.fotos.org/
fanta	www.fanta.com/	segovia	http://www.segovia.es/
pedro	http://www.pedro.org.au/	debate	http://www.debate.com.mx/
sigüenza	http://www.siguenza.com/	jaen	http://www.diariojaen.es/
daroca	http://www.daroca.es/	roja	http://www.rojadirecta.org/
alonso	http://www.fernandoalonso.com/	senado	http://www.senado.es/
botin	http://www.botin.es/	aragon	http://www.aragon.es
dominicos	http://www.dominicos.es/	asco	http://www.asco.org/
carbonero	http://www.saracarboneroweb.com/	vacaciones	http://vacaciones.halconviajes.com/
remar	http://www.rastroremar.com/prestashop/	inmortal	www.inmortal.net
jimena	http://www.jimena.com/	valencia	http://www.valencia.es/
fernando	http://www.fernandoalonso.com/	renfe	http://www.renfe.com/

dentellada	http://www.dentellada.com/	lanza	http://www.lanzadigital.com/
lorenzo	http://jorgelorenzo.com/	cabal	http://www.cabalonline.com
felix	http://www.felix.es/	vigo	http://hoxe.vigo.org/
beatriz	http://www.beatrizhoteles.com/es/index.html	comercio	http://www.elcomerciodigital.com/
albacete	http://albacete.com	hostal	http://www.infohostal.com/
comer	http://www.comerporlapatilla.com/	video	http://video.google.es/
xavierre	http://www.xavierre.com/	marca	http://www.marca.com/
carpinteros	http://www.guiacarpinteros.com/	madrid	http://www.madrid.org/
benicasim	http://www.benicassim.es/	expansion	http://www.expansion.com/
fontaneros	http://www.guiafontaneros.com/	coche	http://www.coches.net/
rama	http://www.ra-ma.es/	experto	http://www.todoexpertos.com/
cecilia	http://www.cecilianet.com/	ropa	http://ropa-complementos.shop.ebay.es/
camilo	http://siemprecamilosesto.com/	viajes	http://www.muchoviaje.com/
rancho	http://www.gorancho.com/	as	http://www.as.com/
chistes	http://www.chistes.com/	que	http://www.que.es/
empleo	http://www.empleo.com/	ya	http://www.ya.com/
videojuegos	http://www.videojuegos.com/	congreso	http://www.congreso.es/
carlos	http://www.carlosblanco.com/	anuncio	http://www.mundoanuncio.com/

Por otro lado, hay un 14% de páginas web en primeras posiciones con la palabra clave como nombre de dominio exacto. Es el caso de las siguientes 51 páginas web:

P.C.	Web 1ª posición en Google.es	P.C.	Web 1ª posición en Google.es
gamo	http://es.gamo.com/	iniquito	http://www.finiquito.es/
dosal	http://www.dosal.cl/	sara	http://www.sara.es/
moviles	http://www.moviles.com/	cubero	http://www.cubero.es/
patricia	http://www.patricia.es/index.html	valor	http://www.valor.es/
juerga	http://www.juerga.com/	llongueras	http://www.llongueras.com/
fanta	www.fanta.com/	pedro	http://www.pedro.org.au/
sigüenza	http://www.siguenza.com/	daroca	http://www.daroca.es/
botin	http://www.botin.es/	dominicos	http://www.dominicos.es/
jimena	http://www.jimena.com/	dentellada	http://www.dentellada.com/
felix	http://www.felix.es/	albacete	http://albacete.com
xavierre	http://www.xavierre.com/	benicasim	http://www.benicassim.es/
chistes	http://www.chistes.com/	empleo	http://www.empleo.com/
videojuegos	http://www.videojuegos.com/	consolas	http://www.consolas.es/
salud	http://www.salud.com/	zamora	http://www.zamora.es/
municion	http://www.municion.org/	lorca	http://www.lorca.es/
barco	http://www.barco.com/	convergencia	http://www.convergencia.cat/
fomento	http://www.fomento.es	zaragoza	http://www.zaragoza.es/
fotos	http://www.fotos.org/	segovia	http://www.segovia.es/
debate	http://www.debate.com.mx/	senado	http://www.senado.es/
aragon	http://www.aragon.es	asco	http://www.asco.org/
inmortal	www.inmortal.net	valencia	http://www.valencia.es/
renfe	http://www.renfe.com/	marca	http://www.marca.com/
madrid	http://www.madrid.org/	expansion	http://www.expansion.com/
coche	http://www.coches.net/	as	http://www.as.com/

| que | http://www.que.es/ | ya | http://www.ya.com/ |
| congreso | http://www.congreso.es/ | | |

Estos resultados muestran que el nombre del dominio tiene un peso considerable en los resultados de Google.

También observamos que en el estudio empírico, el nombre de dominio logra que una página web obtenga la primera posición sin destacar en otros factores individuales y sin provenir de una "familia destacada" –es decir, sin estar alojada en un sitio web de mucha antigüedad, un elevado número de enlaces entrantes y un elevado número de páginas indexadas. Es decir, que tener el nombre de dominio compensa deficiencias en otros campos.

¿Qué lección práctica podemos sacar de este resultado?

Pues bien, si nuestro objetivo es conseguir posiciones destacadas para un gran número de palabras clave, entonces, claramente, el nombre de dominio por sí solo no es un factor estratégico relevante. Es mucho más importante como veremos conseguir una gran cantidad de enlaces entrantes o crear un sitio web poderoso, que reciba muchos enlaces e indexe una gran cantidad de páginas.

Ahora bien, si nuestro objetivo es lograr posiciones destacadas para una palabra clave –o varias muy relacionadas- entonces sí que es importante escoger un nombre de dominio que la contenga, por mucho que Google repita su mantra de que no importa.

Podemos desmentir a Google y demostrar rápidamente que el nombre de dominio sí importa. Bastará con buscar "buscador" en el mismo Google.es y observar cómo la primera posición es para www.buscador.com, mientras que Google está en quinta posición.

Respecto a lo que podemos hacer al respecto para beneficiarnos de esto, el reto en la práctica será encontrar un dominio disponible que concuerde con la palabra clave que nos interesa, puesto que a estas alturas de la película, la gran mayoría de los dominios que contienen palabras clave interesantes ya no está disponible.

Los encabezados H1 a H6

Los encabezados o etiquetas de jerarquía (de H1 a H6) son los tipos de texto resaltados en una página web. El código HTML permite seis tipos distintos de jerarquía por encima del texto normal. Hay un consenso general en otorgar algo de importancia a que la palabra clave deseada se encuentre resaltada en estos encabezados en una página web.

Entre los que consideran que son bastante importantes está David Viney "Después de la etiqueta de título, los encabezados son los factores internos (on-page en inglés) más importantes. Los considero dos veces más importantes que el texto de la página.", (Viney, 2008: 108). Por su parte, Fernando Maciá y Javier Gosende las consideran "especialmente relevantes para el posicionamiento en buscadores" (Maciá y Gosende, 2008: 323)

En efecto, el empleo de estas marcas específicas de encabezamiento da pistas a Google sobre lo que el diseñador considera importante.

¿Qué nos dice la investigación empírica al respecto?

Estos son los resultados relativos a los encabezados:

- Un 32,6% de las páginas ganadoras contiene un H1 con la palabra clave.
- Un 10,6% de las páginas ganadoras contiene un H2 con la palabra clave.
- Un 33,4% contiene ambos encabezados con la palabra clave.

En total, por tanto, un 76,6% de las páginas web ganadoras contiene la palabra clave en algún encabezado: H1 o H2 (o ambas). El resumen sería como sigue:

Contiene sólo H1	32,6%
Contiene sólo H2	10,6%
Contiene ambos	33,4%
Ninguno	23,4%
Total	100%

Queda por tanto confirmada la importancia que los encabezados H1 y H2 siguen teniendo a la hora de obtener las primeras posiciones de Google.

No son, como algunos opinan, obsoletos o irrelevantes, puesto que las páginas que ocupan las primeras posiciones los están utilizando.

Las consecuencias prácticas de este resultado son claras. Debemos usar los encabezados –en especial el H1- con las palabras clave más importantes de cada página web.

La url de la página

Una url, del inglés Uniform Resource Locator o localizador uniforme de recursos, es la dirección de una página web.

Por ejemplo,

http://en.wikipedia.org/wiki/Uniform_Resource_Locator

Es la url de la entrada de la Wikipedia en inglés que define lo que es una url.

Mientras que

http://www.google.com/chrome?hl=es

es la url de la página para descargarse la versión en español de Chrome, el navegador de Google.

Las urls son también texto, y por tanto son rastreadas por los buscadores.

Cuando la palabra clave no está en el dominio principal –que es la primera parte de la url, por ejemplo www.google.com en el ejemplo anterior, es importante que esté al menos en alguna parte de la url.

El estudio empírico nos muestra que un 88,3% de las páginas web en primeras posiciones contienen la palabra clave en su url.

Al igual que ocurría con la palabra clave en la etiqueta título – recordemos que un 93,3% de las páginas web en primeras posiciones contiene la palabra clave en su etiqueta-título- la presencia de la palabra clave en la url de una página es por tanto prácticamente una condición sine qua non para lograr posiciones destacadas en las búsquedas de Google.

Así por ejemplo, vemos lo que hace el sitio web www.vuelosbaratos.es

Si buscamos "vuelos baratos a bruselas" en Google, el primer resultado es la página web:

http://www.vuelosbaratos.es/vuelos-a/bruselas-bélgica.htm

que contiene las palabras clave de nuestro interés en su url. El sitio web crea una página web para cada potencial combinación de palabras clave –vuelos a mallorca, a ibiza, a tenerife, etc.

4.4) Secretos para ser popular: factores externos

Una vez estudiados los factores internos, relativos a la relevancia, veremos ahora los factores que dan popularidad a una página web. Se trata de factores externos.

PageRank

En prácticamente todos los eventos acerca de Google, posicionamiento en buscadores o SEO –search engine optimization-, se habla de un enigmático elemento: El PageRank. La barra de PageRank se ha hecho famosa entre los webmasters, que esgrimen con orgullo o se lamentan de la cifra mágica que ella otorga a cada sitio web.

Pero ¿Qué es exactamente el PageRank de una página web? ¿Cómo influye en los resultados de búsqueda de Google? ¿Qué podemos hacer al respecto?

El mismo Google define PageRank como: *"El PageRank se basa en la exclusiva naturaleza democrática de la web y usa su extensa estructura de vínculos como un indicador del valor de una página individual. Google interpreta un vínculo desde la página A hacia la página B como un voto de la página A por la página B."*
Pero Google revisa otras cosas aparte del número de votos o de vín-

culos que una página recibe, puesto que también analiza la página web que emite el voto. Los votos emitidos por páginas que son en sí mismas "importantes" pesan más y ayudan a convertir a otras páginas también en "importantes".

El PageRank por tanto, cuenta la cantidad de enlaces entrantes, pero además pondera la calidad de esos enlaces. Y todo eso a la vez, para todo Internet.

El concepto de PageRank emana de los mismos fundadores de Google. La idea fue revolucionaria en su momento y podemos pensar que sigue siendo el núcleo duro del ADN del algoritmo de Google.

Como podemos ver el PageRank de una página web

Una manera de saber cuál es el PageRank de una página es la que nos facilita el propio Google a través del medidor de su barra –Google toolbar. Para poder ver cuál es el PageRank de las distintas páginas hay que descargar esa herramienta de navegación, en http:// www.google.com/intl/es/toolbar/ie/index.html y activar la opción del medidor de PageRank.
Una vez instalada la barra de Google, el PageRank se distingue como una pequeña barra horizontal.

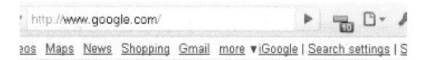

La imagen muestra el medidor de PageRank para la página web principal de google –www.google.com. Está en 10/10, algo realmente inusual.

Cuando la barra aparece como gris significa que el sitio Web no está indexado. Si la barra completa es blanca significa que posee un valor cero y finalmente, dependiendo del grado de verde que muestra la barra, indicará el nivel de PageRank.

Se considera un buen PageRank a partir de 3/10. Son muy pocos los sitios Web que poseen un PageRank por encima de 6/10. Tan sólo Google y escasísimas páginas logran el 10. En español, el portal universitario universia.es tiene un PageRank de 10, mientras que los principales medios de comunicación tienen entre 6 y 9 (Elmundo.es)

El PageRank que muestra una página varía con el tiempo. Sube si esa página recibe de forma adecuada enlaces, y baja si Google detecta algo incorrecto que la afecta. Es mucho más fácil, como veremos, pasar de un PageRank de 0 a uno de 1, que pasar de 1 a 2, y así sucesivamente, puesto que la distancia entre los distintos niveles no es lineal.

Google suele actualizar el valor del PageRank cada cierto tiempo, normalmente cada tres meses. Sin embargo, en los últimos tiempos, ha variado tanto en la regularidad de las actualizaciones – a veces pasan más de tres meses entre una y otra- como en la cantidad de páginas web afectadas por esa actualización, que en ocasiones es selectiva.

Todo indica que a Google no le gusta dar demasiadas pistas sobre el PageRank.

Los fundadores de Google explican el PageRank en detalle en un documento publicado en 1998.

Allí dicen que "uno puede pensar en un enlace como una cita académica. Por tanto, una página web importante como http://www. yahoo.com/ tendrá decenas de miles de enlaces entrantes (o citas) que apuntan a ella" (The PageRank Citation Ranking: Bringing Order to the Web, (Sergei Brin and Larry Page, 1998)

No expondremos aquí las complejísimas operaciones matemáticas que permiten calcular el PageRank de una página. Las explican Amy Langville y Carl D. Meyer, en su obra ya citada, *"PageRank and beyond, the science of search engine rankings"* (2006), pero bastará indicar que el PageRank original depende de:

- El número de enlaces entrantes hacia la página web en cuestión.
- La calidad de esos enlaces entrantes (el PageRank de las páginas que mandan el enlace).
- El número de otros enlaces salientes hacia otras páginas en las páginas que mandan el enlace. Si la página que enlaza tiene muchos enlaces salientes, "la fuerza" de ese enlace es menor.

Para comprender mejor de qué se trata, podemos comparar el sistema de enlaces con un sistema de riego. El PageRank sería la cantidad total de agua que le llega a un campo –página web– determinado en un momento dado, a través de múltiples cañerías -enlaces.

Si el agua que recibe por una cañería viene de un pantano con numerosas cañerías hacia otros campos, evidentemente llega menos agua. La calidad del agua dependerá de la calidad de los pantanos. Un sitio web, compuesto de numerosas páginas web, tiene también un sistema interno de "riego" y redistribución del PageRank –agua. Por un lado, desde el home se transfiere una cantidad considerable de PageRank a las páginas web internas. Por otro lado, cada página creada es un pequeño afluente, y cuantas más páginas tenga, más agua le llegará a la página principal del sitio web. Eso explica en parte por qué sitios web de, por ejemplo, noticias, tienen un Page-Rank elevado, puesto que tienen una gran cantidad de páginas y enlaces internos que fluyen hacia el sitio principal. Además cuentan con numerosos enlaces entrantes, al home y muchas de sus páginas.

También podemos pensar en el PageRank como un sistema de referencias y créditos académicos. Cuantos más reciba un autor –una página web- mejor, pero contará quién da la referencia –no es lo mismo una eminencia que otra persona mucho menos reputada- y también contará –o al menos debería contar- la facilidad con la que un experto da buenas referencias sobre la obra de los demás –en otras palabras, si cita a miles de autores o sólo a unos pocos.

¿Cuán importante es el PageRank?

Google dice una y otra vez que los webmasters y gestores de los sitios web no deberían obsesionarse con el PageRank, porque es uno de muchos factores. Hay expertos que afirman que sigue siendo muy importante, mientras que otros afirman que ya no tiene tanto peso. ¿Cuál es la realidad?
La investigación realizada confirma que el PageRank de una página web influye poderosamente en las posiciones de esa página en los resultados de Google. Pero ¿Cuánto exactamente? En la muestra, el 85,8% de las 359 páginas web en primera posición para distintas palabras clave tienen un PageRank de 3 o más. Es decir, 308 páginas de un total de 359. Podemos concluir por tanto que, diga lo que diga Google, para alcanzar una primera posición en sus resultados para una palabra clave es fundamental gozar de un PageRank elevado –igual o mayor de 3.

Veamos cómo se distribuye el PageRank en las páginas web en la primera posición de nuestro estudio:

RESULTADO: PAGERANK DE LAS PÁGINAS WEB EN 1ª POSICIÓN

PageRank	Número de Páginas	Porcentaje
0	7	1.9
1	13	3,6
2	31	8,6
3	38	10,6
4	50	13,9
5	99	27,6
6	89	24,8
7	23	6,4
8	8	2,2
9	1	0,3
Total	359	100

En la tabla observamos que hay un 27, 6% de las páginas web con un PageRank de 5, un 24,8% con un PageRank de 6 y un 8,9% que cuenta con un PageRank de 7, 8 o 9. Si las sumamos, vemos que un 61,3% de las páginas web tienen un PageRank de 5 o superior. Hay 31 páginas web ganadoras que tienen un PageRank de 2. Sólo trece de ellas tienen un PageRank de 1, y tan sólo siete de ellas –un 1,9% del total- tienen un PageRank de 0. **La media de PageRank (en barra) es de 4,6.**

Queda claro por tanto que el PageRank sigue teniendo una importancia fundamental a la hora de destacar en los resultados de búsquedas de Google.

La gráfica indica cómo se distribuye el PageRank entre las 359 páginas. El eje vertical muestra la frecuencia –el número de veces que se repite cada valor de PageRank.

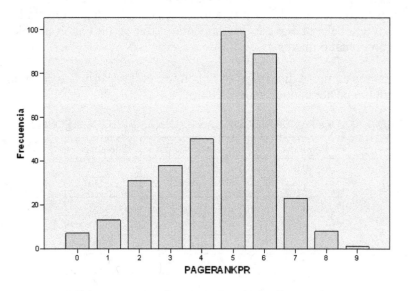

La tarta indica cómo se distribuye el PageRank entre las 359 páginas. Cada color de la tarta corresponde con un número de Page-Rank. Más del 60% de las páginas web tienen un PageRank de 5 (rojo) o superior (los cuatro colores posteriores al rojo, en el sentido de las manecillas del reloj).

PAGERANKPR

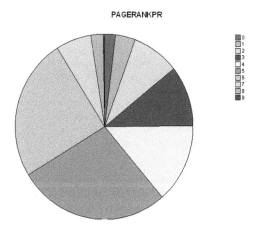

Hemos visto que el PageRank, en su formulación original, se consigue a través de los enlaces entrantes. Si contrastamos los datos del PageRank con los datos acerca de los enlaces entrantes externos, llegamos a una paradoja aparente. Existen 27 páginas que no reciben directamente ningún enlace entrante externo de otros sitios web y sin embargo comprobamos que 20 de ellas tienen un Page-Rank positivo -tan sólo 7 páginas tienen un PageRank de 0-. Analicemos este asunto en detalle. En la siguiente tabla podemos ver las páginas que no reciben enlaces entrantes externos, la palabra clave para la que aparecen, respectivamente, en primera posición, y su PageRank.

P.C.	Página web	PR	Enlaces entrantes	E.Entrantes externos
relincho	http://www.wordreference.com/definicion/relincho	0	0	456211
remar	http://www.rastroremar.com/prestashop/	0	0	4
lipotimia	http://www.hipernatural.com/es/enflipotimia.html	1	0	2040
tontada	http://www.wordreference.com/definicion/tontada	1	0	456211
trompicones	http://es.thefreedictionary.com/trompicones	1	0	204703
silvar	http://www.wordreference.com/ptes/silvar	2	0	456211
mondadura	http://www.wordreference.com/sinonimos/mondadura	2	0	456211
farruco	http://www.wordreference.com/definicion/farruco	2	0	456211
efervescente	http://www.wordreference.com/definicion/efervescente	2	0	456211
yermo	http://www.wordreference.com/definicion/yermo	2	0	456211
bufar	http://www.wordreference.com/definicion/bufar	2	0	456211
indómito	http://www.wordreference.com/definicion/indómito	2	0	456211
voraz	http://www.wordreference.com/definicion/voraz	2	0	456211
durmiente	http://www.wordreference.com/definicion/durmiente	2	0	456211
donaire	http://www.wordreference.com/definicion/donaire	2	0	456211
toser	http://www.wordreference.com/definicion/toser	2	0	456211

meritorio	http://www.wordreference.com/definicion/meritorio	2	0	456211
amedrentar	http://www.wordreference.com/definicion/amedrentar	2	0	456211
húmedo	http://www.wordreference.com/definicion/húmedo	2	0	456211
migajas	http://www.wordreference.com/definicion/migaja	2	0	456211
rugido	http://www.wordreference.com/definicion/rugido	2	0	456211
especialista	http://www.wordreference.com/definicion/especialista	2	0	456211
licuar	http://www.wordreference.com/definicion/licuar	3	0	456211
embrollo	http://www.wordreference.com/definicion/embrollo	3	0	456211
contaminar	http://www.wordreference.com/definicion/contaminar	3	0	456211
natalia	http://es.wikipedia.org/wiki/Natalia_(cantante)	4	0	211012277
orlando	http://es.wikipedia.org/wiki/Orlando_(Florida)	5	0	211012277

En esta tabla podemos ver los mismos datos que en la anterior, pero hay además una columna adicional que nos indica el número de enlaces entrantes externos que recibe todo el sitio web.

Las páginas web que tienen algo de PageRank sin recibir enlaces entrantes externos están alojadas en sitios web que reciben numerosos enlaces entrantes externos. Vemos por tanto que estas páginas reciben flujos de PageRank internos, que provienen de sus propios sitios web. Observaremos en detalle este criterio más adelante, pero era relevante sacarlo a colación para explicar la aparente paradoja.

También podemos deducir que existen otros factores, además del número de enlaces entrantes a la página y del trasvase interno de enlaces, que afectan el PageRank, ya que, como veremos, la correlación entre el número de enlaces entrantes y PageRank, aunque existe, no es próxima a 1.

Trustrank

Aquí es donde entra el denominado Trustrank, que es un sistema ideado originalmente por la Universidad de Standford y Yahoo! –descrito en este documento http://ilpubs.stanford.edu:8090/770/1/2004-52.pdf- para combatir la basura –spam- en Internet, y poder distinguir entre buenos y malos enlaces. Se trata de elegir una serie de sitios web con buena reputación, y diseñar una forma de darles automáticamente más peso a los enlaces que provengan de ese selecto "club" de sitios web. Con los datos que hemos analizado ya podemos aventurar que Google incluye dentro de su cálculo de PageRank –o en paralelo a él- un componente de TrustRank que depende de la calidad de los sitios web que enlazan una página web determinada. Eso explicaría en parte por qué las páginas de la Wikipedia tienen en su inmensa mayoría, -incluso las

LOS SECRETOS DE GOOGLE

que no disfrutan de numerosos enlaces externos- un elevado Page-Rank y obtienen excelentes posiciones en resultados de búsqueda. Google les da a todas ellas "un empujón" en sus resultados, porque se fía de la Wikipedia, y además por otro lado el sitio web descuella en varios factores estructurales –como veremos más adelante- como son la edad, el número de páginas indexadas y el número total de enlaces que recibe.

BadRank

En el extremo conceptual opuesto del PageRank –le afecta negativamente- nos topamos con el BadRank. Si el PageRank de nuestra página web concreta sube cuando recibe enlaces desde otras páginas web, que nos transfieren parte de su propio PageRank, el BankRank funciona de manera muy distinta. Se basa en los enlaces que nosotros colocamos en nuestra página web, hacia páginas web que Google considera indeseables. El buscador hasta ahora no ha penalizado los enlaces que podamos recibir de piratas, spammers u otros parias de Internet –no es culpa nuestra- pero sí penaliza los enlaces que nosotros colocamos desde nuestra página –que controlamos- hacia esos "indeseables". Eso es el BadRank, que sin duda disminuye el PageRank de una página web concreta.

El BadRank es por tanto consecuencia de enlazar desde nuestra página web hacia "los malos vecindarios" de internet –que a su vez tienen un BadRank elevado. Google nos penaliza por asociar nuestra página web con los malos.

Cuando ponemos un enlace en nuestra página web hacia una página web de elevado BadRank, parte de éste flujo negativo nos vuelve a nosotros.

Es probable que Google calcule el BadRank y el PageRank por separado, y luego, de alguna manera, reste aquél a éste - o los divida.

La prueba de que el BadRank existe nos la da un considerable número de páginas web que reciben un PageRank de 0, a pesar de disfrutar de numerosos enlaces entrantes externos e internos. De alguna manera ese PageRank positivo se neutraliza con BadRank negativo.

Si tuviéramos que reducir todo esto a una formula, podríamos decir que:

PageRank final = PageRank inicial (número y calidad de enlaces)*TrustRank – BadRank

Es decir que a la hora de calcular el PageRank, Google analiza profundamente la calidad de los enlaces que recibe una página web y también de los enlaces que esa página envía a otras páginas web.

PageRank en barra versus PageRank real

Hay que tener también en cuenta que el número del 0 a 10 de PageRank reflejado en el medidor de esta famosa barra de Google no es aritmético, sino exponencial o logarítmico. El Pagerank en barra, como valor entre 0 y 10 es una simplificación que realiza Google del Pagerank real, que es un número muy superior, puesto que tiene un factor exponencial –vamos a asumir que es 8, aunque no lo sabemos a ciencia cierta. Dicho de otra manera, del 1 al 2 de Pagerank en la barra de Google, hay ocho veces más "fuerza".

Los valores de PageRank real quedarían como siguen:

PageRank en barra	PageRank Real
0	0,15 a 1,2
1	1,2 a 9,6
2	9,6 a 76,8
3	76,8 a 614,4
4	614,4 a 4.915,2
5	4.915,2 a 39.321,6
6	39.321,6 a 314.572,8
7	314.572,8 a 2.516.582,4
8	2.516.582,4 a 20.132.659,2
9	20.132.659,2 a 161.061.273,6
10	161.061.273,6 a infinito

Tabla del autor que muestra el PageRank de la barra de Google y su equivalente real, asumiendo un factor 8

Con esos datos, podemos asociar a cada número de PageRank en barra un número de PageRank real, calculado como la media de la horquilla en cada caso. De esta forma nos quedaría como sigue:

LOS SECRETOS DE GOOGLE

PR. en barra	Valor de PR. real (promedio)	PR. Real
0	0,675	0,15 a 1,2
1	5,4	1,2 a 9,6
2	43,2	9,6 a 76,8
3	345,6	76,8 a 614,4
4	2764,8	614,4 a 4.915,2
5	22118,4	4.915,2 a 39.321,6
6	176947,2	39.321,6 a 314.572,8
7	1415577,6	314.572,8 a 2.516.582,4
8	11324620,8	2.516.582,4 a 20.132.659,2
9	90596966,4	20.132.659,2 a 161.061.273,6
10	*	161.061.273,6 a infinito

Tabla del autor que muestra el valor promedio de PageRank real para cada valor de PageRank de la barra de Google.

Veamos qué ocurre si sustituimos el valor de PageRank en barra por ese valor promedio de PageRank real, en cada uno de los 359 resultados de nuestra investigación.

La media de PageRank real, calculado de esta manera, es de 645.802,3. Como vemos en la tabla anterior, este valor entra dentro de la casilla de PageRank real de 7. Es lógico que así sea, puesto que al tener una base de 8, los PageRank superiores elevan la media –que es de 4,6 para PageRank en barra y 7 para PageRank real.

Correlaciones de la variable PageRank real

Observamos las siguientes correlaciones entre esta nueva variable de PageRank real y algunas otras variables:

VARIABLE		PAGERANK REAL
Presencia de la P.C. en la etiqueta del título	Correlación de Pearson	-,219(**)
	Sig. (bilateral)	0,000
Extensión del texto	Correlación de Pearson	-0,007
	Sig. (bilateral)	0,892
Densidad PC en texto princiap-cuerpo del texto	Correlación de Pearson	0,041
	Sig. (bilateral)	0,435
PageRank PR	Correlación de Pearson	0,257(**)
	Sig. (bilateral)	0,000

Número de enlaces entrantes	Correlación de Pearson	0,122(*)
	Sig. (bilateral)	0,021
Número de enlaces entrantes a toda la web	Correlación de Pearson	-0,079
	Sig. (bilateral)	0,137
Número de enlaces salientes	Correlación de Pearson	-0,022
	Sig. (bilateral)	0,676
Número de enlaces internos	Correlación de Pearson	-0,009
	Sig. (bilateral)	0,865
Edad del sitio web	Correlación de Pearson	0,169(**)
	Sig. (bilateral)	0,001
Palabra Clave en nombre del dominio	Correlación de Pearson	-0,011
	Sig. (bilateral)	0,838
Palabra clave en URL de la página	Correlación de Pearson	-0,176(**)
	Sig. (bilateral)	0,001
Palabra clave coincide con nombre de dominio	Correlación de Pearson	0,030
	Sig. (bilateral)	0,570
Número de barras en la URL	Correlación de Pearson	-0,126(*)
	Sig. (bilateral)	0,017
Páginas indexadas en Google en toda la web	Correlación de Pearson	-0,082
	Sig. (bilateral)	0,123

En la última columna de la derecha observamos la correlación (Pearson) y el valor de Sigma bilateral. La correlación mide la relación entre las dos variables, y oscila en -1 y +1. Esa correlación es significativa para valores pequeños de Sigma bilateral. Cuánto más próximo a 0 sea este parámetro, más clara es la existencia de esa correlación.

Con esos criterios de rigor estadístico, podemos ver que la variable de PageRank real guarda relación positiva con las siguientes variables:

Correlación con la variable PageRank en barra

PageRank PR	Correlación de Pearson	0,257(**)

El Sigma nos da 0, y confirma lo que ya sabemos, puesto que el PageRank en barra ha sido la base de cálculo del PageRank real; sería extraño que no se diera esta correlación.

Correlación con la variable número enlaces entrantes

Número de enlaces entrantes	Correlación de Pearson	0,122(*)

El sigma es de 0,021, y por tanto muy próximo a 0. Esta correlación es también lógica puesto que, como sabemos, los enlaces entrantes que recibe una página web desde otras páginas son la base principal del cálculo original del PageRank.

Correlación con la variable edad del sitio web

Edad del sitio web	Correlación de Pearson	0,169(**)

Con un valor de Sigma bilateral próximo a 0, esta correlación nos demuestra que la edad de un sitio web se relaciona positivamente con el PageRank real de una página. A más edad, más PageRank. Ora porque recibe más enlaces entrantes conforme pasa el tiempo, ora porque en el cálculo de PageRank, Google considera no sólo los enlaces entrantes sino también la antigüedad del sitio web, como factor de confianza.

Número de enlaces entrantes

Como hemos indicado anteriormente, el número de enlaces entrantes externos que recibe una página web es la base de su PageRank y el más importante de los factores de posicionamiento denominados externos –en inglés, off-page –fuera de la página web.
Por enlaces entrantes entendemos los enlaces, vínculos o hipertextos de otras páginas web que llevan a la página web que estamos analizando.
El instituto SEOmoz, especializado en técnicas de optimización de buscadores (SEO), realiza un estudio basado en entrevistas a expertos de todo el mundo acerca de los elementos más importantes de los algoritmos de los buscadores. En su último estudio (fuente: http://www.seomoz.org/article/search-ranking-factors#ranking-factors), el 71% de esos expertos considera que la cantidad y calidad de los enlaces entrantes –en inglés External Link Popularity (quantity/quality of external links)- es un factor muy importante en el algoritmo.

Si vamos a nuestra investigación, observamos que el número de enlaces entrantes externos varía entre 0 (es el caso de 27 páginas

web, por ejemplo la página web en primera posición para "ame-
drentar", hasta la enorme cantidad de enlaces externos –6.139.755-
que apuntan a http://www.que.es/ sitio web de un periódico gratuito
y número uno para la búsqueda "que".
La media es de más ochenta y tres mil -83.243- enlaces entrantes
hacia cada página web que ocupa la primera posición, por lo que
podemos concluir que a priori se necesitan un elevado número de
enlaces entrantes para lograr la primera posición en los resultados
de Google para una palabra clave determinada.

En este momento surge una pregunta: ¿Cómo es posible que, si
como sabemos, el número de enlaces entrantes a una página web es
la base del algoritmo de Google, pueda haber 27 páginas web que
consiguen aparecer en primera posición para la búsqueda de alguna
palabra clave sin tener ningún enlace entrante?

Para responder a esa pregunta, en la siguiente página podemos encontrar la lista de esas 27 páginas web.

Palabra clave	Página en primera posición
relincho	http://www.wordreference.com/definicion/relincho
remar	http://www.rastroremar.com/prestashop/
tontada	http://www.wordreference.com/definicion/tontada
trompicones	http://es.thefreedictionary.com/trompicones
lipotimia	http://www.hipernatural.com/es/enflipotimia.html
amedrentar	http://www.wordreference.com/definicion/amedrentar
bufar	http://www.wordreference.com/definicion/bufar
donaire	http://www.wordreference.com/definicion/donaire
durmiente	http://www.wordreference.com/definicion/durmiente
efervescente	http://www.wordreference.com/definicion/efervescente
especialista	http://www.wordreference.com/definicion/especialista
farruco	http://www.wordreference.com/definicion/farruco
húmedo	http://www.wordreference.com/definicion/húmedo
indómito	http://www.wordreference.com/definicion/indómito
meritorio	http://www.wordreference.com/definicion/meritorio
migajas	http://www.wordreference.com/definicion/migaja
mondadura	http://www.wordreference.com/sinonimos/mondadura
rugido	http://www.wordreference.com/definicion/rugido
silvar	http://www.wordreference.com/ptes/silvar
toser	http://www.wordreference.com/definicion/toser
voraz	http://www.wordreference.com/definicion/voraz
yermo	http://www.wordreference.com/definicion/yermo
embrollo	http://www.wordreference.com/definicion/embrollo
licuar	http://www.wordreference.com/definicion/licuar

LOS SECRETOS DE GOOGLE

contaminar	http://www.wordreference.com/definicion/contaminar
natalia	http://es.wikipedia.org/wiki/Natalia_(cantante)
orlando	http://es.wikipedia.org/wiki/Orlando_(Florida)

Como vemos, la gran mayoría de esas páginas web están alojadas en el sitio web www.wordreference.com lo cual compensa su ausencia de enlaces externos, como veremos más adelante, debido a otros factores del sitio web que mejoran las posiciones de sus páginas.

Por otro lado, la mayoría de estas páginas web aparecen en primeras posiciones para palabras clave poco competitivas.

¿Y qué podemos hacer al respecto?

Ya sabemos la importancia que tiene el PageRank de una página web para que logre obtener posiciones destacadas en Google. Y bien, ¿qué podemos hacer al respecto?

Enlaces, enlaces, enlaces

Por un lado, tenemos la certeza de que cuantos más enlaces reciba nuestra página web, mucho mejor. Más alto será el PageRank, y las posibilidades que tiene esa página de alcanzar posiciones destacadas en los resultados de búsqueda. No obstante, hay que tener en cuenta una serie de criterios.

Para empezar, es fundamental que la página web que nos envía el enlace esté indexada en Google. Si no lo está, ese enlace no cuenta. Pero si la página web está indexada, siempre será positivo, a priori, que nos envíe un enlace hacia nuestra página. Por eso es importante conseguir, de una y mil maneras, todos los enlaces que podamos. ¿Cómo conseguimos enlaces? Lo primero que debemos hacer es solicitárselos a todos nuestros conocidos y amigos. Parece obvio, pero hay quien no lo hace.

¡Pide a todas las personas que conozcas que tengan acceso a alguna página web que te enlacen!

Después de eso, tenemos que lanzar una estrategia coherente de "linkbuilding" –construcción de enlaces en inglés- o lo que es lo mismo, de obtención de enlaces.

1) Enlaces de directorios. Obtener enlaces de directorios, ya sean de pago o gratuitos, es una vieja –en términos relativos, claro- estrategia de obtención de enlaces. Su eficacia es, hoy por hoy, bastante dudosa. No diré que nula, pero casi, puesto que Google hace tiempo que le ha quitado fuerza a los enlaces de directorios. Las únicas excepciones son enlaces de directorios muy reputados, que le sirven a Google de referencia, porque son directorios editados por humanos –la inclusión en esos directorios no es automática, sino que hay un proceso de selección y verificación. Entre esos directorios destaca, como no, el propio directorio de Google, http://www.dmoz.org, que es gratuito, si bien es cada vez más difícil lograr ser aceptado ahí. El proceso de verificación tarda meses. Algunos directorios adicionales de prestigio son de pago.

2) Escribir artículos. Una buena manera de conseguir enlaces es escribir artículos sobre temas interesantes, y agregarles un enlace en alguna parte del texto. Hay una serie de sitios web que reproducen artículos, y que por tanto generan enlaces. También aquí Google ha ido espabilando, y quita fuerza a los enlaces que se generan de esta manera, aunque todavía cuentan algo.

3) Producir videos, aplicaciones, extensiones u otros contenidos. Con la misma lógica que los artículos, si producimos contenidos interesantes podremos generar enlaces hacia nuestro sitio web, siempre que esos contenidos contengan el hipervínculo apropiado hacia nuestra página web. Es lo que denominan linkbait en inglés, es decir, "anzuelos de enlaces", que se lanzan con la intención de que su distribución entre una gran cantidad de usuarios genere enlaces hacia nuestra página web.

4) Gestión de intercambio de enlaces. Raro es el contacto administrativo de un sitio web que no ha recibido un correo electrónico solicitando un intercambio recíproco de enlaces. Se trata de una propuesta de trueque, a menudo automatizada. Tú me enlazas a mí, yo te enlazo a ti y todos tan contentos. Google sin embargo hace tiempo que sabe que se trata de un trueque, y resta valor a los enlaces recíprocos de características semejantes, que "huelen" a intercambio de enlaces.

LOS SECRETOS DE GOOGLE

Cantidad y calidad

Ya hemos visto que cuantos más enlaces generemos, mucho mejor. Sin embargo, debemos ser conscientes de que la calidad también cuenta. Por un lado, los enlaces de mayor calidad nos pasarán más PageRank. Por otro lado, hay enlaces que transmiten autoridad, credibilidad, confianza, porque tienen un elevado TrustRank. Cuando recibimos un enlace de un sitio web con elevada reputación, esto nos transfiere a nosotros también parte de esa reputación positiva.

El texto-ancla es fundamental

Además del número y la calidad de los enlaces, es fundamental prestar atención al texto asociado a esos enlaces, es decir, al texto-ancla -Anchor Text en inglés- que es el texto visible en un enlace de una página web. Es aquel que nos encontramos generalmente en color azul y que se puede pinchar.

Google asociará una página web con el texto-ancla de los enlaces que esa página web recibe.

Por ejemplo, si ahora mismo buscamos en Google.es, aparece en posición destacada de los resultados la página web:

https://sede.educacion.gob.es/catalogo-tramites/becas-ayudas-subvenciones/para-estudiar/primaria-secundaria/beca-necesidad-especifica.html

Que es una página web del Ministerio de Educación español que explica los trámites necesarios para obtener becas y ayudas para cursar estudios reglados de enseñanza en niveles obligatorios y postobligatorios en España.

A priori, esa página web tiene escasa relevancia para la búsqueda, porque no detalla los términos de búsqueda "pulsa aquí". Sin embargo, hay miles de páginas web que enlazan hacia esa página web, y en esos enlaces dice "pulsa aquí"

Google procesa esos enlaces, y asocia la página con el texto de los mismos.

Es lo que permite la realización de "bombas Google".

¿Qué es una bomba Google o Google bomb?

Es una acción concertada por un número de informáticos que permite colocar ciertas páginas web en los primeros lugares de los resultados de una búsqueda en Google utilizando una palabra clave determinada. Se consigue incluyendo enlaces a la página web objeto del "Google bomb" en el mayor número de páginas distintas posibles, de manera que el texto del enlace sea el criterio de búsqueda –palabra-clave- deseado.

Como tantas otras cosas inherentes a Google, la empresa afirma haber resuelto el problema en enero de 2007. Pero no es así. Hay bombas Google y las habrá, aunque sea ahora más complicado lograrlas.

Por ejemplo, a la hora de escribir estas páginas, en noviembre de 2012, la búsqueda de imágenes en google.com para la palabra clave "completely wrong" en inglés significa "totalmente equivocado" mostraba en las primeras posiciones imágenes del candidato republicano a la presidencia de EEUU, Mitt Romney

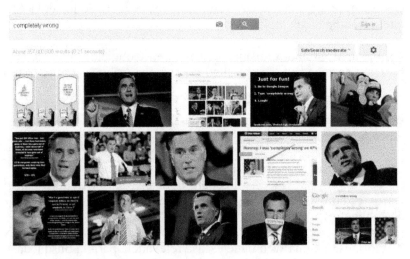

Otras bombas Google posteriores a enero de 2007 son:

Durante las fases iniciales del proyecto Chanology, una campaña contra la Iglesia de la Cienciología, se realizó una bomba Google que mostraba el portal principal de Cienciología para la búsqueda "secta peligrosa".

En Septiembre de 2008, el líder del Partido Nacional de Nueva Zelanda aparecía en los resultados de la palabra "ni idea".

En enero de 2009, un grupo de blogueros búlgaros consiguió asociar la palabra "fracaso" con el sitio web del gobierno de Bulgaria.

En Julio de 2009, la búsqueda ""trou du cul du web" (en español, "el ojete de Internet") daba como primer resultado el portal oficial del presidente francés, Nicolás Sarkozy. En Septiembre de 2010 aparecía la página de Facebook del presidente como primer resultado para esa misma búsqueda.

En septiembre 2009, la búsqueda "ahmadinejad presidente de iran" en idioma farsi daba una falsa página de Google que decía "quieres decir: ahmadinejad NO es presidente de Irán" y enlazaba a un video que explicaba el fraude electoral de 2009.

En febrero de 2011, activistas contra el aborto lograron que el segundo resultado de la búsqueda "muerte" fuera la página sobre el aborto de la Wikipedia en inglés.

Desde julio de 2012, la palabra "plagiator" (que significa plagiador en rumano) lleva a la página personal de Victor Ponta, primer ministro acusado de plagiar su tesis doctoral.

Vemos por tanto que por mucho que Google refine su algoritmo, hay elementos inherentes que no pueden cambiar.
Lo que sí es indudable es que Google en la actualidad puede detectar patrones ilógicos o antinaturales de textos ancla, si por ejemplo procesa repentinamente una gran cantidad de enlaces que tienen exactamente el mismo texto ancla.
Es conveniente por tanto, cuando estemos tratando de lograr enlaces hacia nuestra página web, que éstos tengan textos-ancla variados. Pueden ser sinónimos –Google lo procesa adecuadamente- o variaciones del mismo texto, a través de frases distintas.

Por ejemplo, en caso de querer promover la página principal del sitio web de una agencia de viajes especializada en Marruecos, en lugar de conseguir una gran cantidad de enlaces con el texto-ancla "viajes a marruecos", es preferible conseguir enlaces que contengan distintos textos-ancla: "viajes a marruecos", "viajes en marruecos", "viajar por marruecos" "viaja a Marruecos", "encuentra el mejor viaje a Marruecos", "los mejores viajes a Marruecos", "viajes", "Marruecos", etc. Google verá con buenos ojos este patrón de textos-ancla, y por el contrario, sospechará si de repente procesa una gran cantidad de enlaces hacia esa página web con exactamente el mismo texto-ancla "viajes a Marruecos".

Ubicación del enlace dentro de la página

Por otro lado, es importante la ubicación de un enlace dentro de una página web. No cuentan igual los enlaces situados en partes destacadas de una página web que los enlaces situados en la parte final, al pie de página. La parte más noble de una página, ante los ojos de Google es la parte superior izquierda. Igualmente, un enlace que esté dentro de un texto tendrá más validez, a priori, que uno que aparezca aislado, al margen del texto principal de una página web.

Fases, plazos y escalas

Igualmente, Google analiza el factor tiempo en los incrementos de enlaces hacia un sitio web, de forma que sospechará –y penalizará– aquellas páginas web que reciban repentinamente una gran cantidad de enlaces. De esta manera trata de prevenir la compraventa masiva de enlaces. Además de que comprar enlaces está prohibido por Google, comprar un gran número de enlaces de golpe es una idea particularmente mala, porque es probable que Google lo detecte.
Igualmente, si Google observa una disminución repentina del número de enlaces hacia un sitio web, sospechará que se trata de alguien que está jugando sucio, y actuará en consecuencia.

Edad de los enlaces

Otro factor importante es la edad de los enlaces. Los "spammers", que son aquellos sitios web que quieren engañar a Google, crean una gran cantidad de páginas web y enlaces repentinos. Como consecuencia de ello, Google desconfía de las páginas web alojadas en sitios web nuevos –eso lo veremos más adelante- pero además también desconfía de los enlaces nuevos. Por el contrario, favorece los enlaces que tienen una antigüedad superior a un mes, especialmente aquellos que tienen más de seis meses.

De este proceder de Google pueden sacarse varias conclusiones.

La primera es que no deben cambiarse los enlaces que apuntan a una página web desde hace tiempo, a no ser que tengamos una muy buena razón para hacerlo. La segunda es que Google funciona siempre con "retraso" respecto a la gestión de enlaces. Si los generamos hoy, veremos los efectos dentro de uno, dos, tres o más meses. Igualmente, si quitamos unos enlaces, la inercia favorable durará un tiempo, y los efectos no serán inmediatos. Finalmente, la tercera conclusión es que debemos evitar la práctica conocida como linkchurning –que se traduciría como revuelco o batido de enlaces- que consiste en hacer y deshacer enlaces automáticamente. De esa forma los enlaces no adquieren antigüedad, y por tanto no gustan a Google.

Distribución de Pagerank de los enlaces

Recomiendo además que los enlaces que recibe una página web provengan de páginas que siguen un patrón de distribución de PageRank lógico. ¿Qué quiere esto decir? Pues que en Internet hay una distribución natural del PageRank entre las distintas páginas web. Por ejemplo, hay muchas más páginas web que tienen un PageRank de 0 o 1 que páginas web que tienen un PageRank de 2 o 3. Y así sucesivamente, habiendo muy pocas de 7, 8, 9 o 10. Si, por ejemplo, una página web recibe una gran cantidad de enlaces con elevado PageRank -5 en adelante-, y muy pocos desde páginas web de PageRank bajo, entonces es probable que los enlaces –o una parte considerable de ellos- hayan sido comprados. Google se "olerá este pastel". Y le hará de todo menos gracia.

Es necesario, por tanto, generar enlaces que sigan una pauta lógica, desde el punto de vista del PageRank, y evitar generar un número de excesivo de enlaces de PageRank elevado sin un contrapeso de enlaces de PageRank bajo.

Cómo evaluar un enlace potencial

Si por ejemplo alguien propone un intercambio de enlaces, y queremos evaluar la conveniencia de conseguir un enlace desde una página web concreta hacia una de las nuestras, es conveniente repasar lo siguiente:

1) El PageRank de la página web donde estará el enlace hacia nuestra página web.

2) El número de enlaces saliente de la página web que nos enlazaría. Cuanto más tenga, menos PagaRank pasará a la nuestra.

3) La autoridad y fiabilidad del sitio web principal de la página web desde donde enlazarán hacia nuestra página web

4) La relevancia que tengan el sitio web en general y el contenido específico de la página web que nos enlanzaría, respecto al tema de nuestra página web. Si hablan de lo mismo, interesa más.

5) La parte de la página donde aparecería el enlace hacia nuestra página web.

6) La calidad de los enlaces próximos a ese lugar

7) El texto contextual que estará vinculado con el enlace.

4.5) La familia importa – factores estructurales

Vamos a explicar ahora factores que han sido poco estudiados por los expertos.

Se trata de criterios estructurales, asociados al sitio web –por contraposición a una página web individual. Google afirma que al clasificar los resultados de su lista de respuesta a una búsqueda, el elemento básico de su análisis es cada página web. De esa forma, todas y cada una de las páginas web compiten entre sí. Vamos a demostrar que, aunque Google no lo reconoce explícitamente, concede una gran importancia al sitio web donde se alojan las páginas web, esto es, a la "familia" de cada página web. En gran medida, Google se ha vuelto más y más elitista. Si una página está en un sitio web antiguo y reconocido, las probabilidades de que aparezca en las primeras posiciones aumentan considerablemente. Basta observar, por ejemplo, la cantidad de páginas de la Wikipedia que logran situarse en las primeras posiciones de distintas búsquedas –desde nombres comunes a palabras técnicas, pasando por localidades o famosos. Como veremos, hay una estrecha relación entre el sitio web general de una página web y las posiciones de ésta en Google.es. Son factores de posicionamiento que dependen del sitio web general.

Antigüedad: Google sí es país para viejos

Un primer factor que depende del sitio web donde se aloja una página es la edad de ese sitio web. Todo indica que Google premia a las páginas alojadas en sitios web relativamente antiguos y, por contra, castiga a las páginas web de sitios webs recientes. Según el reconocido experto Javier Casares, "Que un dominio lleve mucho tiempo registrado y en línea es un buen elemento a tener en cuenta" (Casares 2009: 18). En palabras de otro experto, Viney: "Google aplica un deflactor asociado a la edad, asumiendo que los sitios web relativamente jóvenes son menos fiables. Este tema es de particular importancia para los nuevos sitios web, ya que el deflactor afecta tanto al dominio como a los enlaces entrantes a ese sitio web, que cuentan menos." (Viney 2008: 77).

Este comportamiento de Google se debe a varios fenómenos simultáneos.

El primero es el combate a los sitios web de *spam*, ya que estos sitios web son casi siempre recientes. Los profesionales del spam lanzan permanentemente nuevos sitios web. Engañan a usuarios y buscadores durante un período de tiempo muy limitado y después abandonan ese sitio web como chatarra y lanzan otro sitio web distinto. Google ha detectado este procedimiento y ha desarrollado la forma de contrarrestarlo penalizando específicamente las páginas hospedadas en sitios nuevos. El mismo Viney comenta: "El deflactor de edad nació para evitar que spammers sin escrúpulos puedan lanzar en una semana mil sitios web, por ejemplo de Viagra." (Viney 2008: 77)

Además, hay factores positivos relacionados con la edad del sitio web, que favorecen indirectamente a los "viejos". El más importante, los enlaces entrantes externos, de manera que lógicamente cuanto más años tenga un sitio web, más enlaces habrá acumulado hacia él.

Por todo ello, podemos asumir que la edad es un factor importante. Ahora bien ¿Cuál es su auténtica importancia? ¿Puede una página nueva llegar a la primera posición para alguna palabra clave? Lo hemos medido a través de nuestro estudio.

¿Y cuál ha sido el resultado?

Si analizamos 359 páginas web que logran la primera posición para 359 palabras clave en Google.es, tan sólo cinco de esas páginas web están alojadas en un sitio web de menos de tres años de edad. Por tanto, el 98,6% de las páginas web pertenecen a sitios web de tres o más años.

Por otro lado tenemos un dato fundamental, **la media de edad de los sitios web donde se alojan las páginas web que aparecen en primeras posiciones es de 8,15 años.**

La siguiente tarta indica cómo se distribuye la edad del sitio web entre las 359 páginas. Cada color de la tarta corresponde con un número de años. El 87,5% de las páginas están en sitios web de 7 o más años.

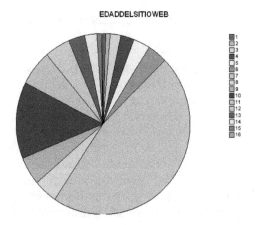

EDAD DEL SITIO WEB

Por tanto, comprobamos la extraordinaria importancia que Google otorga a la edad del sitio web donde se aloja una página web. Es prácticamente imposible que una página web alojada en un sitio web nuevo alcance la primera posición en resultados de búsquedas competitivas.

Y una vez que sabemos que Google premia a las páginas web alojadas en sitios web antiguos, ¿Qué podemos hacer al respecto? Por un lado esperar a que nuestro sitio web envejezca. Puede que no dispongamos de tanta paciencia. Otra opción es comprar un sitio web antiguo, si no hemos escogido todavía el dominio donde desarrollaremos el sitio web. Antes de comprar un sitio web antiguo es importante tener en cuenta varios factores:

Por un lado, debemos saber que lo más importante respecto a la edad, no es cuántos años lleva registrado un dominio concreto, sino cuantos años ha estado en línea, es decir, colgado en Internet, con contenido indexado en Google. Esto último es lo que de verdad cuenta.

Además, debemos evitar dominios que tengan una personalidad o identidad propia en Internet que no corresponda con nuestro proyecto. Porque Google siempre los asociará a esa identidad, afectando otros resultados de búsqueda. Por ejemplo, no nos interesa un sitio web que recibe una gran cantidad de enlaces con un texto ancla determinado, que no guarda relación con nuestros objetivos.

Y por supuesto, debemos evitar a toda costa dominios que estén "manchados" ante los ojos de Google. Se trata de dominios que han sufrido la ira del buscador. Los casos más graves son aquellos sitios web que están desindexados. Google los ha sacado de sus resultados por hacer algo mal, en opinión del buscador. Debemos evitar a toda costa comprar alguno de estos sitios web "apestados" – han sufrido la "muerte civil" en Internet.

Hay además otros sitios web que sin estar desindexados, están penalizados, en distinto grado, por realizar malas prácticas que Google condena.

Por lo tanto, si decidimos comprar un sitio web antiguo debemos tomar precauciones o nos arriesgamos a que el remedio sea peor que la enfermedad.

Número de enlaces entrantes hacia todo el sitio web

Otro criterio estructural de un sitio web nos lo da el número de enlaces externos entrantes que recibe dicho sitio web.

De las 359 páginas web de nuestro estudio en primera posición para alguna palabra clave en Google.es, un 69,36% de ellas están alojadas en sitios web que reciben, en su conjunto más de 100.000 enlaces externos.

Para las 359, la media del número de enlaces externos a todo su sitio web es de 93.088.761 enlaces. Sin duda la Wikipedia, que recibe un elevadísimo número de enlaces, contribuye a que la media sea tan elevada.

En cualquier caso, estos resultados confirman la importancia que tiene para el posicionamiento de una página web el pertenecer a un sitio web que recibe muchos enlaces externos. Como si se tratara de ramas de un árbol, existe por tanto una clara relación entre la página web y el sitio web donde se aloja.

Un sitio web como la Wikipedia transmite su prestigio y popularidad a sus ramas –las páginas web- lo que explica por qué tantas de sus páginas web logran obtener buenos resultados.

De esta manera, como hemos visto anteriormente, una página web individual puede obtener PageRank y buenas posiciones en resultados de búsquedas incluso sin tener enlaces externos, porque si está alojada en el sitio web adecuado, recibe una transferencia de PageRank interno.

Los expertos y la literatura especializada no han hablado suficientemente de este tema, que reviste considerable importancia. El enfoque principal del análisis se centra en torno a la página web individual, pero como hemos verificado, es necesario incorporar al análisis a todo el sitio web en su conjunto. Google, aunque no lo reconozca claramente, lo hace.

Por otro lado, merece la pena resaltar que de las páginas web del estudio en primeras posiciones alojadas en sitios web que reciben menos de 100.000 enlaces entrantes, 3 de cada 4 contienen la palabra clave en el nombre del dominio. Como hemos visto anteriormente, esta estrategia les sirve para contrarrestar esa desventaja, en el caso de palabras clave relacionadas con su nombre de dominio.

¿Qué podemos hacer al respecto?
Queda claro que cuando lancemos un sitio web, debemos lograr que ese sitio web en su conjunto reciba una gran cantidad de enlaces externos entrantes, a diferentes páginas web. También debemos lograr que el PageRank fluya adecuadamente a lo largo y ancho del sitio web, para que el home refuerce a las demás páginas web, y que éstas se refuercen entre sí.

Existen numerosos sitios web que no transmiten adecuadamente el PageRank, por distintas razones, de manera que el home consigue un PageRank elevado pero no logra pasárselo a otras secciones o páginas del mismo sitio web.

Además nuestra estrategia de construcción de enlaces no debería centrarse en enlaces hacia una sola página web, sino que deberíamos lograr generar enlaces hacia diferentes páginas web.

Número de páginas del sitio web indexadas en Google

Un tercer factor que depende de todo el sitio web, además de la edad y los enlaces externos que llegan a todo el sitio web, es el número de páginas web de ese sitio web indexadas en Google.

Esta cifra nos dará una idea de la importancia del sitio web y la fuerza y autoridad que éste puede transmitir a una página web.

Para obtener este dato, podemos escribir en Google lo siguiente:

Site:X (nombre de dominio)

Por ejemplo, si escribimos site:elmundo.es –abajo- obtenemos el número de páginas web del diario El Mundo indexadas en Google.

Aproximadamente 1.050.000 resultados (0,23 segundos)

Si analizamos 359 páginas web que logran la primera posición en Google.es para 359 palabras clave diferentes observamos que un 66,3% de ellas están alojadas en sitios web que tienen más de 100.000 páginas indexadas en Google.

La media de páginas indexadas de los sitios web de esas páginas ganadoras es de 52.445.151. La Wikipedia sin duda contribuye a que la cifra sea tan elevada.

Pero incluso sin contar la wikipedia, observamos la importancia de este factor para los resultados de una página web individual. Al igual que el factor anterior, los expertos no parecen haberle dado la importancia que merece.

Y ante esta evidencia, ¿qué podemos hacer? Pues crear una gran cantidad de páginas web en nuestra página web, logrando que Google las indexe. Para ello debemos dotarlas de contenidos originales y evitar duplicados.

Como norma general, cuantas más páginas indexadas tenga nuestro sitio web, mejor. Pero siempre tratando de que tengan contenido suficiente, y desde el respeto a una estrategia general que optimice cada página web para una palabra clave diferente.

4.6) Perfil de la página web número uno en Google

Una vez analizados los principales factores de posicionamieno en Google, vamos a analizar los valores medios de las variables del estudio que nos permitirán componer el perfil de una página web ganadora, que logra la primera posición en Google para alguna palabra clave.

Presencia de la Palabra Clave en la etiqueta del título	93%
Extensión media del texto	2.108
Media de PageRank en barra	4,6
Media de PageRank real	645.802 (7)
Densidad de P.C. en texto principal-Cuerpo del texto de la página	**2,35%**
Número de Enlaces Entrantes	83.243
Número de Enlaces Entrantes a todo el sitio web	93.088.761
Número de Enlaces Salientes	50
Edad del Sitio Web	8,15
Palabra Clave en nombre del dominio	28%
Palabra Clave en URL de la página	88,3%
Palabra Clave coincide exactamente con nombre de dominio	14%
Número de barras en la URL	1,31
Número de páginas indexadas en Google de todo el sitio	52.445.151
Palabra Clave en Encabezado H1	66%
Palabra Clave en Encabezado H2	44%
Palabra Clave en Etiquetas Alt	34,8%
Palabra Clave en la Etiqueta de Descripción	36,5%
Palabra Clave en la Etiqueta de P.C.	26%
Palabra Clave en primera oración del texto Principal	56,8%

Tomando estos datos podemos tener una idea clara de cómo es la típica página web situada en primera posición en Google: contiene la palabra clave en su título, cuenta con un texto extenso, gran cantidad de enlaces externos hacia ella (83.243 de media), PageRank elevado (5 o más), numerosos enlaces salientes. Contará también por lo general con una densidad de la palabra clave de entre el 1% y el 8% en su texto. Es bastante posible que sus meta-etiquetas y atributos alt contengan la palabra clave.

El sitio web principal –home- de esta página típica tendrá una edad de ocho años y una gran cantidad de enlaces entrantes y páginas indexadas. Es posible que su dominio coincida exactamente con la palabra clave (en un 14% de los casos) o que la contenga (en un 28% de los casos).

Respecto a la importancia relativa de los distintos factores, observamos que los que se cumplen en dos de cada tres páginas web ganadoras o más son:

1) La elevada edad del sitio web donde se aloja la página. El 98,6% de las páginas web pertenecen a sitios web de tres o más años. La media de edad de los sitios web donde se alojan las páginas web que aparecen en primeras posiciones es de 8,15 años.

2) La presencia de la etiqueta título de la página web. Un 93,3% de las páginas web contiene la palabra clave en su etiqueta-título.

3) La presencia de la palabra clave en la URL de la página web. El 88,3% de las páginas web en primeras posiciones contienen la palabra clave en su url.

4) El elevado PageRank de la página web. El 85,8% -308 de 359- de las páginas web en primeras posiciones tienen un PageRank de 3 o más.

5) El texto de la página web. Un 81,6% de las páginas web en primeras posiciones contienen al menos 200 palabras de texto.

6) Enlaces externos hacia todo el sitio web. Un 69,36% de páginas web se alojan en sitios web que reciben más de 100.000 enlaces entrantes.

7) Páginas indexadas de todo el sitio web. Un 66,3% de pá-

ginas web se alojan en sitios web con más de 100.000 páginas indexadas en Google.

Estos 7 criterios son los que más se cumplen, de todos los estudiados. *Tres de ellos, el 2) 3) y 4) son factores internos, de programación y contenido, relativamente fáciles de conseguir. Los otros cuatro son el PageRank –factor de popularidad fundamental en el algoritmo de Google- y tres factores estructurales –que dependen del sitio web donde se aloja la página, no de la página en sí.*

4.7) Relaciones entre factores

Después de haber analizado los distintos factores, podemos ahora avanzar en el análisis y dilucidar cuáles son las correlaciones estadísticas entre las principales variables. Descartamos las variables porcentuales y analizamos las correlaciones entre las principales variables cuantitativas numéricas: extensión del texto, PageRank, número de enlaces externos, enlaces salientes, enlaces internos, edad del sitio web, y número de enlaces entrantes a todo el sitio web.

Variable extensión del texto

La variable extensión de texto aparece relacionada de forma importante con las siguientes variables, por orden de correlación:

1) Con el número de enlaces internos (0,895 de correlación), algo que parece muy lógico, a más texto, más enlaces internos tendrá la página.

2) Con el número de enlaces salientes (0,776 de correlación), algo también lógico por el mismo motivo, cuanto más extensión tiene una página, más enlaces salientes contendrá.

3) Con el número de enlaces a todo el sitio web (0,413 de correlación). Esto ya es algo menos evidente. Esta correlación –sólida estadísticamente- entre la extensión de una página web concreta y el número de enlaces entrantes a todo el sitio web donde está alojada indica que las páginas de extensión de texto larga se alojan en sitios web de calidad –que reciben muchos enlaces entrantes.

4) También existe una correlación entre la extensión del texto y el PageRank (0,321 de correlación), lo que, como en el caso anterior, puede interpretarse en el sentido de que las páginas web de textos largos están alojadas en páginas de calidad –PageRank elevado.

5) Hay una correlación negativa entre la extensión del texto y la edad del sitio web (-0,162 de correlación). Podemos deducir que las páginas web que llegan a primera posición con un texto extenso no tiene necesidad de estar en sitios web de edad avanzada, o dicho de otra manera, que las páginas web alojadas en sitios web con muchos años pueden que llegar a primera posición sin necesidad de grandes extensiones de texto.

6) También se verifica que a más texto más enlaces entrantes recibe una página, puesto que existe correlación (0,115). Hay que decir que esta correlación es débil, especialmente si consideramos el énfasis que le da Google a la importancia de los contenidos.

Variable PageRank

El PageRank tiene correlaciones positivas con –por orden de importancia-:

• Con el número de enlaces salientes (0,433 de correlación). Esto es una gran sorpresa. Cuando definimos el concepto inicial de PageRank, vimos que estaba asociado al número –y calidad- de los enlaces entrantes. Sin embargo, Google nunca ha dicho que tenga en cuenta los enlaces salientes a la hora de calcular el PageRank, si bien es algo que ya habíamos deducido. Dada la fuerte relación estadística, más allá del azar, se trata de un hallazgo tan importante como novedoso.

• Con el número de enlaces a todo el sitio web (0,381 de correlación). Es lógico pensar que el PageRank de una página web concreta está relacionado con el número de enlaces entrantes al sitio web donde está alojada, -y por ende, indirectamente, con el PageRank de un sitio web. Los expertos saben que el PageRank de la página principal –home- de un sitio web "fluye" como si se tratara de un sistema de riego, hacia las demás páginas, por lo que los enlaces entrantes del sitio web refuerzan a las páginas web del mismo. Ya hemos visto que este mismo proceso de trasvase interno de PageRank explica cómo algunas páginas pueden lograr primeras posiciones sin recibir enlaces entrantes del exterior, ya que reciben PageRank desde su sitio web.

• Con el número de enlaces internos (0,330 de correlación). Es interesante ver que el PageRank de una página web guarda relación con el número de enlaces internos que tiene.

• Con la extensión del texto. Como ya hemos visto, la correlación con la extensión del texto es elevada (0,321)

• Con los enlaces entrantes (0,213 de correlación). Esta relación era esperada y por tanto no puede sorprender, ya que la cantidad y calidad de los enlaces entrantes es la base para calcular el PageRank. Si es curioso ver hasta qué punto la relación es más débil de lo esperado, y permite reforzar la sospecha de que en el actual cálculo del PageRank tienen peso otros factores como los descritos anteriormente. Por ejemplo, es sorprendente que la variable PageRank esté más conexa con el número de enlaces salientes -0,433- que con el número de enlaces entrantes -0,213-

Variable número de enlaces entrantes

El número de enlaces entrantes presenta correlaciones con:

• Con el número de enlaces entrantes a todo el sitio web (-0,132). La segunda correlación más importante es negativa. Como ya hemos comentado antes, las páginas web que logran llegar a primeras posiciones tienen un gran número de enlaces que van a ellas, o bien, en caso de que tengan pocos enlaces entrantes, están alojadas en sitios web que reciben un gran número de enlaces entrantes y les transfieren la "fuerza" de esos enlaces –transferencia interna de PageRank. Por tanto, estadísticamente, nos encontramos con que ambas variables tienen una correlación negativa, ya que las páginas web en primeras posiciones con pocos enlaces entrantes tienden a estar alojadas en sitios web con muchos enlaces entrantes.

• Con la extensión del texto (correlación de 0,15). A más texto, más enlaces entrantes tiene la página web, como ya hemos visto.

- Con el número de enlaces salientes (correlación de 0,113). Curiosamente, a más enlaces salientes, más enlaces entrantes tiene una página web.

- La edad del sitio web (correlación de 0,105). Algo lógico. A priori a más edad, más enlaces entrantes acumula una página. Aunque también es posible que exista una página nueva en un sitio web antiguo.

Variable número de enlaces salientes

Esta variable presenta correlaciones positivas con:

- Con la extensión del texto (correlación de 0,776) como hemos visto anteriormente, algo lógico, a más texto, más enlaces salientes.

- Con los enlaces internos (0,751 de correlación) algo también lógico. A más texto, más enlaces internos a otras páginas del sitio web.

- Con el número de enlaces entrantes a todo el sitio web (correlación de 0,542). Existe, estadísticamente, una fuerte correlación positiva entre el número de enlaces salientes de una página web y el número de enlaces entrantes al sitio web donde se aloja esa página.

- PageRank (correlación de 0,433). Como ya hemos visto, algo que no era a priori evidente.

- Con la edad del sitio web (correlación negativa de -0,213)

- Con el número de enlaces entrantes (0,113 de correlación), como ya hemos visto.

Variable número de enlaces entrantes a todo el sitio web

Esta variable presenta correlaciones positivas con:

Número de enlaces salientes (correlación de 0,542). Interesante resultado, puesto que a priori son dos factores que no necesariamente deberían estar relacionados. Vemos que estadísticamente hay una fuerte correlación entre el número de enlaces que llegan al sitio web donde se aloja una página web y el número de enlaces que salen de esa página hacia otras. Hay que recordar que los números en uno y otro caso son muy distintos, puesto que como hemos visto con anterioridad, el número de enlaces salientes de una página web es, de media, 50, mientras que el número de enlaces entrantes a todo el sitio web es una cifra elevadísima.

Podemos deducir la influencia que la gran cantidad de páginas de la Wikipedia tiene en este resultado. En ellas se da esta relación, puesto que son páginas de textos extensos, con muchos enlaces salientes y al mismo tiempo están alojadas en la Wikipedia, un sitio web enorme que recibe casi cien millones de enlaces entrantes.

Pero, ¿qué ocurriría si sacáramos de los resultados del estudio todas las páginas web de la Wikipedia? Lo estudiaremos más adelante.

Esta variable de número de enlaces entrantes a todo el sitio web aparece conexa con la variable extensión de texto (correlación de 0,413), lo cual parece indicar que las páginas con mucho texto están alojadas en sitios web que reciben muchos enlaces entrantes. Mostraría que, como Google no se cansa de repetir, "el contenido es rey" y la gente enlaza a sitios con páginas de mucho texto. Sin embargo, podemos intuir, como en el caso anterior, la influencia de la Wikipedia.

También existe una correlación estadística fuerte entre el número de enlaces entrantes de todo el sitio web y el número de enlaces internos –que salen de esa página a otras partes del mismo sitio web– de una página web (correlación de 0,388). De nuevo, todo indica que la Wikipedia puede haber influido en esta relación.

Vienen ahora dos variables con correlación negativa. Por un lado, observamos que la edad del sitio web y el número de enlaces entrantes de todo el sitio web están relacionados negativamente (correlación negativa de -0,371). Explicamos este dato paradójico porque para llegar a la primera posición es necesario estar alojado en un sitio web con muchísimos enlaces entrantes, o bien con mucha antigüedad. En este sentido puede deducirse que uno de estos dos

LOS SECRETOS DE GOOGLE

factores compensa la ausencia del otro. De manera que una página web está reforzada, ya sea porque su sitio web es muy antiguo o porque recibe muchos enlaces entrantes.

Lo mismo ocurre con el número de enlaces entrantes de una página web, que tiene una correlación negativa (-0,132) con el número total de enlaces entrantes que recibe el sitio web donde se aloja, como ya hemos visto. Es lógico pensar que ocurre lo mismo que en el caso anterior. Un factor compensa el otro. Las páginas web logran la primera posición al tener muchos enlaces entrantes, o bien al estar dentro de un sitio web que recibe muchos enlaces entrantes.

Variable número de enlaces internos

De media, cada una de las 357 páginas web en primeras posiciones tiene 132 enlaces internos –a otras páginas web del mismo sitio web-, siendo 1659 el valor máximo.

Vemos que esta variable tiene una elevadísima correlación (0,895) con la extensión del texto. Algo muy lógico. Cuanto más texto tiene una página web, más enlaces internos hacia otras páginas del mismo sitio web.
Lo mismo ocurre con el número de enlaces salientes (correlación de 0,751), por la misma lógica.
Se observa asimismo correlación (0,388) entre el número de enlaces internos de una página y el número de enlaces entrantes a todo el sitio web donde está alojada.
Existe también una correlación con la variable PageRank (0,330)
Y finalmente, una correlación negativa (de -0,137) con la edad del sitio web.

Variable – Edad del sitio web

La edad del sitio web tiene una correlación positiva con tan sólo una de estas seis variables analizadas. Se trata del número de enlaces entrantes (correlación de 0,105) de una página.

Sin embargo, todos los demás criterios tienen correlación negativa, en mayor o menor medida. Esto tiene su lógica, pero debemos interpretarlo debidamente, puesto que en el estudio no hemos estudiado páginas web en general, sino aquellas páginas web que alcanzan primeras posiciones en resultados de búsqueda.

De esta manera, sabemos que el número de enlaces entrantes a todo el sitio web y la edad son variables relacionadas positivamente. Cuando un sitio nace, tiene a la fuerza pocos enlaces entrantes, y lógicamente, es necesario tiempo para acumular muchos enlaces.

Sin embargo, debemos interpretar la fuerte correlación negativa (-0,371) que aparece en el estudio entre estas variables de la siguiente manera. Dado que todas las páginas analizadas son "ganadoras", observamos que para llegar a primera posición es necesario que una página web esté alojada en un sitio web que recibe muchos enlaces entrantes o que, en su defecto, sea de mucha edad. De manera que uno de esos dos factores compensa la ausencia del otro.

¿Cuáles son las páginas ganadoras?

Analicemos las páginas web ganadoras de la investigación empírica, que logran la primera posición en los resultados de Google para 359 palabras clave diferentes.

1) En primer lugar, destaca la importancia de la Wikipedia. Entre la páginas web ganadoras, 155 -de 359- son páginas de la Wikipedia en español. Eso supone un 43% de todas las páginas web del estudio. Con frecuencia, las páginas web de la Wikipedia logran primeras posiciones cuando la palabra clave es un nombre común o propio –países, ciudades, famosos. Podemos deducir por qué a Google le gusta tanto la Wikipedia. El sitio web general cuenta con un elevadísismo número de páginas web indexadas en Google. Además recibe un estratosférico número de enlaces entrantes ytiene más de 7 años de edad. El diseño de las páginas web incluye la palabra clave de cada definición en la etiqueta título. Por todo esto, estar alojado en laWikipedia propulsa a sus páginas hacia las primeras posiciones en resultados de Google.

No obstante, en lo que concierne a este elevado número de páginas web de la Wikipedia el resultado del estudio empírico es sorprendente. Nos da qué pensar respecto al peso actual de los factores estructurales –de todo el sitio web- frente a los factores específicos de cada página web. Google parece inclinarse peligrosamente hacia los primeros. Más adelante veremos qué implicaciones puede tener todo esto.

2) Destaca también el sitio web www.wordreference.com, que aloja a 37 de las páginas web ganadoras.

Se trata de las siguientes palabras clave:

abarca	húmedo	acelerar
idóneo	adornar	indómito
amedrentar	licuar	anomalía
meritorio	atractivo	migajas
borracho	negar	bufar
relincho	contaminar	rugido
debacle	temprano	disparar
tontada	donaire	toser
durmiente	voraz	efervescente
yermo	embrollo	zamarra
empezar	silvar	especialista
fumigar	farruco	mondadura
	gamberro	

Como vemos, son palabras en las que, a priori, no hay nadie que tenga un interés comercial o político.

www.wordreference.com es un sitio web enorme, con un elevadísimo número de páginas web indexadas en Google, un ingente número de enlaces entrantes y una edad superior a 10 años.

De nuevo, como en el caso anterior, podemos pensar que este elevado número de páginas web ganadoras que pertenecen a www.wordreference.com refleja la importancia que tienen los factores estructurales para Google.

3) En tercera posición entre las ganadoras por número de páginas web encontramos el sitio web http://www.thefreedictionary.com/ otro portal de diccionarios, de características muy semejantes a www.wordreference.com—Cuenta con antigüedad, numerosos enlaces entrantes y páginas web indexadas.

Las palabras clave para las que páginas web de http://www.thefreedictionary.com/ aparecen en primera posición son:

Palabra Clave	URL
final	http://es.thefreedictionary.com/final
irritar	http://es.thefreedictionary.com/irritar
sembrar	http://es.thefreedictionary.com/sembrar
sumario	http://es.thefreedictionary.com/sumario
taciturno	http://es.thefreedictionary.com/taciturno
trompicones	http://es.thefreedictionary.com/trompicones
yegua	http://es.thefreedictionary.com/yegua

4) Si sumamos todas las páginas web "ganadoras" alojadas en estos tres sitios web, nos encontramos la siguiente tabla:

SITIO WEB	PÁGINAS GANADORAS	% DEL TOTAL
Wikipedia	155	43,2%
Word Reference	37	10,3%
The Free Dictionary	7	1,9%
TOTAL	199	55,4%

Observamos que tres sitios web acaparan el 55,4% de las páginas web "ganadoras". Sorprende una concentración tan elevada.

5) Es obligado tener en cuenta además, que estos tres sitios web, que acaparan más de la mitad de las páginas web ganadoras, son estadounidenses. La Wikipedia se gestiona a través de una fundación sin ánimo de lucro, pero tanto www.wordreference.com como www.thefreedictionary.com tienen ánimo de lucro. Resulta problemático admitir que la primera página web en una búsqueda de palabras en español como "taciturno" o "trompicones" lleve a estos diccionarios de varios idiomas y no a un sitio español o de algún país hispano-hablante.

6) Hay otros dos sitios web que tienen dos páginas "ganadoras".Uno de ellos es http://www.botanical-online.com un sitio web especializado en botánica. Dos de sus páginas ganan para las palabras clave de "arándano" y "ortiga".

| arándanos | http://www.botanical-online.com/medicinalsarandano.htm |
| ortiga | http://www.botanical-online.com/medicinalsurticadioicacastella.htm |

7) Y por otro lado, las páginas ganadoras para las búsquedas "ofertas" y "vuelos" provienen en el momento del estudio del sitio web de la empresa de viajes http://www.atrapalo.com

ofertas   http://www.atrapalo.com/
vuelos   http://www.atrapalo.com/vuelos/

8) Respecto a las demás páginas ganadoras (156), nos encontramos con 84 páginas de empresas, marcas u otros formatos de interés comercial. Si sumamos las dos de atrapalo.com, son 86. Esto supone un 24% del total.

9) Además hay 15 páginas web de ayuntamientos, 15 de medios de comunicación, 6 páginas relacionadas con el Estado Central, 4 clubs de fútbol, 4 asociaciones, 4 colegios, 4 de diccionarios, 3 blogs, 3 universidades y 2 páginas de gobiernos autonómicos.

El total quedaría como sigue:

Sitio Web	Páginas ganadoras	% del total
Wikipedia	155	43,2%
Empresas, marcas o de interés comercial	86	24,0%
Word Reference	37	10,3%
Gobiernos (ayuntamientos, autonómicos, central)	23	6,4%
Medios de comunicación	15	4,2%
Educación	7	1,9%
The free dictionary	7	1,9%
Otros diccionarios	6	1,7%
Asociaciones	4	1,1%
Blogs	3	0,8%
Otros	16	4,5%
TOTAL	359	100,0%

Podemos concluir que:

1) La variable extensión de texto aparece relacionada positivamente con el número de enlaces internos (0,895 de correlación), a más texto, más enlaces internos tiene la página; con el número de enlaces salientes (0,776 de correlación); con el número de enlaces a todo el sitio web (0,413 de correlación); con el PageRank (0,321

de correlación) y con el número de enlaces entrantes (0,115).. Hay una correlación negativa entre la extensión del texto y la edad del sitio web (-0,162 de correlación) - las páginas web alojadas en sitios web con muchos años pueden que llegar a primera posición sin necesidad de grandes extensiones de texto.

2) La variable Pagerank se relaciona positivamente con el número de enlaces salientes (0,433 de correlación), con el número de enlaces entrantes a todo el sitio web (0,381 de correlación); con el número de enlaces internos (0,330 de correlación); con la extensión del texto (0,321); con los enlaces entrantes (0,213 de correlación).

3) La variable número de enlaces entrantes se relaciona positivamente con el PageRank (0,213 de correlación); con la extensión del texto (correlación de 0,15), con el número de enlaces salientes (correlación de 0,113), y con la edad del sitio web (correlación de 0,105). Se relaciona negativamente con el número de enlaces entrantes a todo el sitio web (-0,132).

4) La variable número de enlaces salientes se relaciona con la extensión del texto (correlación de 0,776); con los enlaces internos (0,751 de correlación); con el número de enlaces entrantes a todo el sitio web (correlación de 0,542); con el PageRank (correlación de 0,433); con el número de enlaces entrantes (0,113 de correlación), y negativamente con la edad del sitio web (correlación negativa de -0,213)

5) La variable número de enlaces entrantes a todo el sitio web se relaciona positivamente con el número de enlaces salientes (correlación de 0,542), con la extensión de texto (correlación de 0,413), con el número de enlaces internos (correlación de 0,388) y negativamente con la edad del sitio web (correlación negativa de -0,371) y con el número de enlaces entrantes (-0,132)

6) La variable número de enlaces internos se relaciona positivamente (0,895) con la extensión del texto, el número de enlaces salientes (correlación de 0,751), el número de enlaces internos (0,388) y PageRank (0,330) y negativamente (-0,137) con la edad del sitio web.

7) La variable edad del sitio web tiene una correlación positiva con el número de enlaces entrantes a la página web (correlación de

0,105) y negativa con las demás variables principales.

8) Ante el elevado número de correlaciones negativas, concluimos que las distintas variables se compensan entre sí, de manera que para lograr la primera posición en los resultados de una búsqueda es necesario tener varios de los criterios, pero no todos. Por ejemplo, hemos observado que en el estudio existe una fuerte correlación negativa (-0,371) entre el número de enlaces entrantes a todo el sitio web por un lado y tanto la edad de ese sitio web como el número de enlaces entrantes a la página web. Puede parecer un contrasentido, pero no lo es, puesto que todas las páginas analizadas son "ganadoras". Por tanto, para llegar a primera posición es necesario que una página web esté alojada en un sitio web que recibe muchos enlaces entrantes o que, en su defecto, reciba esa página muchos enlaces entrantes o esté alojada en un sitio web de mucha edad. De manera que unos factores compensan la ausencia de otros.

9) Google otorga importancia a factores internos o externos vinculados a la página web ganadora, pero también a factores estructurales, vinculados al sitio web donde se aloja.

10) Existen distintos "tipos" de páginas web ganadoras. Aquellas que lo son por mérito propio – reciben, en tanto que páginas web, muchos enlaces entrantes, o contienen la palabra clave en el nombre de dominio-, y aquellas que lo son porque están alojadas en sitios web de mucho peso para Google. Por tanto, el marco conceptual del análisis debe trascender las páginas web individuales y englobar todo el sitio web, pese a que Google dice que su unidad de clasificación es la página web.

11) Puesto que un 55% de las páginas web en primeras posiciones estén alojadas en tan sólo tres sitios web, concluimos que los factores estructurales son en la actualidad igual de importantes -o más- para Google que los factores individuales de cada página web.

12) Puesto que esos tres sitios web son estadounidenses -a pesar de buscar palabras en español en google.es- concluímos que a priori, el algoritmo de Google tiene un sesgo a favor de páginas web alojadas en sitios web estadounidenses –debido a factores estructurales como su elevada antigüedad, el número de páginas indexadas y el número de enlaces entrantes a todo el sitio web.

Resumen de recomendaciones prácticas

Las consideraciones prácticas más útiles para lograr buenos resultados en Google serían:

1) Respecto a factores internos de posicionamiento, sabemos que la palabra clave debe estar en la etiqueta del título. Ya hemos visto que en un 93% de los casos estudiados es así. Debemos asegurarnos también de que usamos la palabra clave en encabezados H1, H2, en etiquetas ALT, etiqueta descripción, y etiqueta de palabras-clave, así como en la primera oración del texto principal.

2) Asegurarnos de que contamos en nuestra página web con un texto original y extenso (sabemos que la media para las páginas web ganadoras es de 2108 palabras, aunque no hace falta tanto en la mayoría de los casos).

3) Acertar con las distintas densidades. La del texto principal –el número de veces que se repite la palabra clave, de cada 100 palabras de texto- debe estar en torno al 2,35% (la media del estudio). De forma que debemos repetir la palabra clave dos veces, por cada 100 palabras. Las densidades de palabra clave en textos ancla y urls de enlaces internos y salientes debería ser también considerable.

4) Maximizar el número de enlaces externos hacia nuestra página web –la media es de 83.243. Este cometido es laborioso, pero debemos lograr, por distintos medios, obtener esos enlaces. Además, sabemos que es conveniente lograr los enlaces de forma paulatina –no todos de vez- y sostenida en el tiempo.

5) Que el sitio web principal, donde se aloja una página web, reciba un gran número de enlaces. Cuantos más, mejor. Sin olvidarnos de que es positivo que el sitio web principal produzca un gran número de contenidos y por tanto logre indexar un elevado número de páginas en Google.

6) Si además ese sitio web tiene 7 años o más, tendremos una ventaja. Si decidimos partir de cero, será conveniente adquirir un sitio web antiguo, de varios años de edad, en lugar de lanzar uno nuevo, ceteris paribus –si todos los demás factores permanecen constantes.

7) Escoger con mucho cuidado el nombre del dominio al comprarlo o crearlo, puesto que elegir un nombre relacionado con nuestras palabras clave principales será posteriormente ventajoso.

5

OTROS FACTORES DE POSICIONAMIENTO: REDES SOCIALES Y DATOS DE USUARIOS

Además de todos los factores explicados hasta ahora, hay otros factores que Google también tiene en cuenta. Por el momento tienen relativamente poca importancia, pero va en aumento.

Google está permanentemente tratando de aumentar la utilidad de sus resultados de búsqueda. Cuando percibió, a principios de 2010, la inexorable importancia de las redes sociales, comenzó a tenerlas en cuenta como "señales" de clasificación en sus resultados. En Diciembre de 2010, Google comentó oficialmente que ya tenía en cuenta las principales redes sociales. El 24 de febrero de 2011, la actualización llamada Panda confirmó que es así. Esta tendencia sólo puede aumentar en el futuro.

Las redes sociales por tanto inciden doblemente en los resultados de Google:

A) Por un lado como enlaces, tienen la misma validez que un enlace en circunstancias semejantes. Las redes sociales generan gran cantidad de enlaces hacia una página web, aunque al provenir del mismo sitio web –por ejemplo de Twitter, Google les da una importancia limitada.

B) Señales. Los distintos indicadores sociales le sirven a Google para saber si una página web tiene importancia social. También para saber si tiene "frescura", característica especialmente relevante para algunas búsquedas, a las que Google incluye un componente llamado QDF –"query deserves freshness" en inglés, que puede traducirse en español como "la búsqueda merece frescura". Se trata de búsquedas que son noticiosas o tienen muchos cambios – un personaje famoso, un resultado deportivo, etc.

En principio, la fuerza de una "señal" es mucho menor que un enlace, porque una señal es mucho más fácil de emitir -cuesta mucho más esfuerzo colocar un enlace en una página web que hacer clic en una red social.

Igualmente, los comportamientos de los usuarios en Internet ofrecen a Google valiosa información. Por ejemplo, la tasa de salida –bounce rate en inglés- mide el porcentaje de visitantes a una página web que salen tras entrar en ella sin navegar por el resto de las páginas de ese sitio web.

Si dos páginas web empatadas en todo lo demás, para una palabra clave concreta, muestran gran diferencia en la tasa de salida, Google colocará en cabeza a la que menor tasa de salida tiene, porque demuestra que es más útil para los usuarios. Lo mismo ocurre con el tiempo de navegación.

La ventaja de estas señales de uso es que todos los usuarios las emiten, por lo que Google tiene una gran cantidad de información a su disposición.

Redes sociales

¿Cuáles son las redes sociales más importantes para Google?

Twitter

La primera red social a considerar debe ser Twitter. Google considera una señal social los enlaces desde un tuit, en Twitter. Google dijo en un artículo - http://searchengineland.com/what-social-signals-do-google-bing-really-count-55389 - que trata los enlaces desde Twitter de la misma manera que los enlaces en general. Sin embargo, ha dejado entender que tiene en cuenta también la autoridad de quien emite el tuit, en algunos casos. Los criterios para medir esa autoridad podrían ser:

El número de seguidores relevantes
Autoridad de seguidores relevantes
Número de retuiteos de ese tuit
Número de listas relevantes en las que aparece el usuario
Número de menciones

Ratio de seguidores/seguidos en Twitter

¿Cuál es la importancia real de Twitter?

En febrero de 2011, un tuit de *SmashingMagazine* enlazaba a la guía SEO –search engine optimization- de SEOmoz, una empresa especializada en posicionamiento en buscadores. Una semana después se percataron de que la página web donde se aloja la guía alcanzaba la cuarta posición para la búsqueda "guía de principiantes" en Google en inglés. Aunque nunca sabremos cuántos enlaces fuera de Twitter consiguió darle a esa página el tuit.

Facebook

En principio Facebook podría tener la misma importancia que Twitter para los resultados en Google, y sin embargo no es así.

El problema es que a diferencia de Twitter, cuyos tuits son accesibles, Facebook permite a los usuarios niveles de privacidad que ocultan una gran cantidad de datos a Google. Para obtener esos datos, el buscador debería tener un acuerdo especial con Facebook, como el que tiene el buscador rival Bing. Pero como Google y Facebook se llevan mal, pues Google no tiene acceso a la mayor parte de los datos de Facebook. Esto podría cambiar en el futuro, pero actualmente es así.

Lo mismo ocurre con una red cerrada como Tuenti.

La gestión de estas dos importantes redes sociales debe ser parte de la estrategia de marketing online, pero por el momento su incidencia en los resultados de Google es muy limitada.

Google +

Google sí tiene acceso a los datos de Google +, la red social lanzada en 2011 para competir con Facebook. Al igual que con Twitter, Google tiene en cuenta no sólo los enlaces que provienen de su propia red social, sino también una serie de "señales", como son los +1 (el equivalente a "me gusta" en facebook), o los comentarios. Y podemos pensar que también tiene en cuenta la autoridad de quien recomienda un enlace -cuál es su influencia, cuántas recomendaciones hace, cuántos amigos tiene, etc. También es posible que Google tenga en cuenta la hora a la que se genera el enlace, la ubicación geográfica de la persona que lo genera, y el texto próximo al enlace.

Sparks es una utilidad de Google+ que ofrece a los usuarios contenidos de acuerdo a sus intereses. Es algo parecido a las famosas Alertas de Google, puesto que permite ver las últimas noticias sobre algún tema concreto. No se sabe cómo Google elige el contenido que muestra en Sparks, pero podemos deducir que esos contenidos, sin duda, tienen una fuerza adicional en los resultados de búsquedas.

Por otro lado, es muy posible que Google esté usando los +1s de Google+ como una señal de clasificación. Google le da un empujoncito en sus resultados a las páginas web que han recibido +1s, es decir, recomendaciones de usuarios.

La recomendación práctica que se deduce de la importancia de redes como Twitter o Google+ es que debemos colocar en nuestras páginas web una aplicación que enlace con ambas redes sociales, Twitter y Google +, y facilite tanto las recomendaciones +1s como tuitear esa página.

YouTube

Otra red social importante para Google es YouTube –por cierto, propiedad del mismo Google. En este caso nos encontramos con tres dimensiones. Por un lado, en YouTube podemos generar enlaces hacia nuestras páginas. Por otro lado, podemos pensar que la presencia en YouTube emite una señal social. Finalmente, si logramos optimizar un video en YouTube podríamos conseguir, en algunas ocasiones, que Google lo inserte en su primera página de resultados. Recordemos que la búsqueda universal, inserta desde 2007 videos, imágenes y noticias en los resultados de páginas web de Google.

Y ¿Cómo podemos optimizar un video en youtube? Debemos tener en cuenta el título del video, la descripción, el archivo, los enlaces que recibe, el nombre del archivo y además, el número de visitas que ese video recibe, algo que dificulta el posicionamiento de videos.

Comportamiento del usuario

Además de las redes sociales, Google obtiene señales a través de la medición de pautas de comportamiento de los usuarios. Por ejemplo, si un usuario quiere comprar flores, busca "flores para San Valentín", entra en una página web, navega durante 10 minutos, y compra, ese usuario ha tenido una experiencia positiva. Si el mismo usuario ha entrado antes en otro resultado de búsqueda, y sólo ha durado 3 segundos en esa otra página web, todo indica que no era lo que buscaba. Google premia el primer caso en sus resultados de búsquedas.

¿Cómo consigue Google datos de comportamiento de usuarios? El buscador obtiene datos a través de las numerosas fuentes de las que dispone:

- Resultados de búsquedas. Por ejemplo si un usuario pincha en el segundo resultado en lugar del primero, para una búsqueda concreta, puede ser una señal de que para esa búsqueda la segunda página web es más útil que la primera.

- Google Chrome. El navegador de Google tiene una cuota de mercado próxima al 35%. A través de Chrome, Google obtiene una gran cantidad de datos detallados de navegación.
- Publicidad. Tanto Adwords como Adsense informan a Google de algunos datos de navegación.
- Barra Google. La barra Google procesa la navegación de quien la usa, y agrega después los datos.
- Android. El sistema Android de Google tiene una cuota de mercado en móviles superior al 50% en numerosos países. En España es incluso más elevada. Google obtiene por tanto datos de navegación de usuarios de móviles.
- Aplicaciones Google. Programas como Google Docs y otros semejantes suministran datos agregados a Google.
- Google Analytics: Hay una gran cantidad de sitios web que tienen instalada la herramienta Google Analytics, que es muy útil para los usuarios –y también para Google, al recibir los datos agregados.
- Google Reader. Uno de los sistemas de RSS más populares del mercado, permite a Google recabar datos de usuarios.

Como vemos, no le faltan a Google fuentes de información propias.

Y además, por si esto fuera poco, en ocasiones Google utiliza datos de fuentes ajenas. En julio de 2012, Google y la Comisión Federal del Comercio estadounidense (FTC, sus siglas en inglés) acordaron que la empresa del buscador pagaría una multa de 22,5 millones de dólares (17,6 millones de euros) para cerrar un caso de procesamiento indebido de datos de navegación. Todo empezó cuando Jonathan Mayer, investigador de Stanford Research Systems descubrió un código de programación de Google que espiaba a los usuarios de Safari, el buscador de Apple. El software espía permite monitorizar las actividades de los usuarios, de forma que conseguía datos útiles para el envío de publicidad. Google aseguró entonces que usaba una conocida funcionalidad de Safari pero siempre "con el consentimiento de los usuarios" y que las "cookies" "no recababan información personal". La juez y la FTC dejaron claro que Google y las otras empresas de publicidad habían invadido la privacidad de millones de usuarios del navegador Safari de Apple indebidamente, a través de este código de programación. De esa manera, Google y otras compañías de publicidad seguían los hábitos de navegación web de los usuarios de Safari para enviarles publicidad. Cuatro meses después, en noviembre, la juez Susan Illston ratificó la multa, ante un recurso de un grupo defensor de los derechos de los consumidores, Consumer Watchdog, que quería aumentar la cuantía de la multa ya que estimaba que la sanción económica debería ser "mucho más severa", ya que según ellos la suma de 22,5 millones es "calderilla" para Google.

Ahora que sabemos que Google procesa una gran cantidad de información, ¿Cuáles son para el buscador las señales más importantes de navegación de los usuarios?

Tasa de cliqueo: Llamada CTR por sus siglas en inglés –click through rate- la tasa de cliqueo mide el porcentaje de usuarios que entran en una determinada página web, de todos los que la ven. Una tasa de cliqueo alta es un indicador positivo para Google.

Tasa de salida: La tasa de salida –bounce rate en inglés- indica el porcentaje de usuarios que salen de un sitio web después de visitar la página por la que entraron. No navegan por el resto de páginas. Una tasa de salida alta es un indicador de baja calidad del resultado de búsqueda.

Tiempo en la página: Google mide el tiempo que los usuarios pasan en una página web. Cuanto más, mejor. Y al contrario, una navegación muy breve le manda una señal negativa al buscador.

Páginas por visitas: Cuántas más páginas visite el usuario, más interactúa.

Tasa de retorno: Si un porcentaje elevado de los usuarios vuelve a una página web, Google lo percibe como algo positivo.

Páginas impresas: Es un indicador positivo, porque demuestra interés en el contenido.

Página señalada como favorita: Si una cantidad considerable de usuarios tiene una página web como favorita es un marcador positivo para Google.

Página es la de inicio en navegador: Supone otra señal positiva, que muchos usuarios escojan una página web como su página de inicio.

Vista previa/visitas: Google permite a los usuarios ver una página web de sus resultados de búsqueda sin salir de los mismos. Es la llamada vista previa. Si un porcentaje elevado de los usuarios que ven una página después pinchan en ella, mandan una señal positiva. Lo contrario envía una señal positiva –la han visto antes y no han querido entrar.

Bloqueo de sitios web en Chrome: Google lanzó en febrero de 2011 una extensión en su navegador Chrome que permite a los usuarios bloquear sitios web. Esto emite, lógicamente, usa señal negativa para todas las páginas de esos sitios web.

Velocidad de carga de la página: Google considera la velocidad de una página web como un factor de posicionamiento al menos desde abril de 2010 –cuando lo anunció en público. Seguramente desde antes, aunque parece que sólo afecta negativamente a las páginas que son muy lentas –en torno a un 1% del total.

De todo esto se deduce que, como parte de una buena estrategia de SEO –optimización en buscadores- debemos tratar de optimizar también la experiencia del usuario. Si los usuarios entran con frecuencia al ver nuestras páginas web, pasan mucho tiempo en ellas, interactúan, vuelven, las escogen como favoritas, páginas de inicio, etc. entonces todo ello repercutirá positivamente en sus posiciones en las páginas de resultados de Google. Y al contrario.

Y la clave para lograr todo esto, es ofrecer al usuario en nuestra página web lo que está buscando. Si no lo tenemos claro, podemos ayudarnos de alguna investigación o encuesta.

Y en cualquier caso, debemos recordar que nunca debemos tratar de engañar a los usuarios, puesto que se trata de una pésima estrategia a medio y largo plazo.

6

EL EFECTO GOOGLE: CONSECUENCIA DE SU FUNCIONAMIENTO PARA LA PARTICIPACIÓN Y DEMOCRACIA EN INTERNET

Ya tenemos una buena idea de cómo funciona Google. Analicemos ahora las implicaciones que su funcionamiento tiene en los debates en curso sobre Internet, participación y democracia.

Cuando hablamos de conceptos como democracia digital, la sociedad 2.0, o ciberactivismo, con frecuencia discutimos si realmente Internet refuerza la participación, redistribuye el poder a favor de los ciudadanos y permite profundizar en la democracia, o todo lo contrario.

Dentro de ese contexto, una vez que hemos desgranado cómo Google clasifica las distintas páginas web en función de cada búsqueda concreta, se abre ante nosotros un fascinante debate.

¿Promueven los resultados de Google la participación y la democracia ciudadana?

O por el contrario, ¿Refuerzan a los grandes centros de poder existentes?

Recordemos que en 2005, Joe Trippi, un dirigente político estadounidense, responsable del éxito de su entonces candidato Howard Dean en Internet, dijo que "Internet es la innovación más democratizadora que hemos visto nunca, por encima incluso de la imprenta" –narrado en la página 235 de su obra *"The revolution will not be televised: democracy, the Internet and the overthrow of everything"*.

Varios autores, entre ellos el mismo Trippi –en el artículo http://smartblogs.com/socialmedia/2011/02/25/what-egypts-revolution-tells-us-about-the-nature-of-social-media-se han apresurado a vin-

121

cular Internet con los movimientos ciudadanos que en 2011 han derrocado los regímenes dictatoriales de Túnez, Egipto y Libia, han provocado la renuncia del primer ministro de Yemen y han sacudido con fuerza los regímenes de Siria y muchos otros países árabes. En este caso, la asociación más inmediata ha sido con las redes sociales, a las que se atribuye el nexo más directo con estos movimientos ciudadanos.

De la misma forma, los orígenes del movimiento del 15M en España, y sus émulos en muchos otros países, parecen estrechamente vinculados con la red. Esa es la opinión de numerosos expertos como Ismael Peña, entrevistado al respecto, quien no duda en argüir que el movimiento no habría existido sin las redes sociales -(http://www.noticiasdenavarra.com/2011/06/01/sociedad/navarra/el-15-m-nacio-y-se-desarrollo-en-las-redes-sociales) o algunos de los organizadores del 15M en Sevilla, que afirman que "El 15M nació en la red y allí permanecerá siempre" (http://www.publico.es/espana/378334/el-movimiento-15m-nacio-en-la-red-y-alli-permanecera-siempre).

Lo mismo opina y afirma categóricamente la investigadora de medios en Internet, Eva María Ferreras Rodríguez en las conclusiones de su artículo sobre el 15M y Twitter: "podemos decir que el movimiento 15-M nació y se gestó en Internet, por tanto puede ser tomado como una muestra de ciberactivismo" (Ferreras, 2011, El Movimiento 15-M y su evolución en Twitter, *Cuadernos de Comunicación e Innovación Telos*, número 89, disponible en http://sociedadinformacion.fundacion.telefonica.com/seccion=1266&idioma=es_ES&id=2011102410330001&activo=6.do#

Por tanto hay un consenso en atribuir a algunas parcelas de Internet, en especial a las redes sociales, alguna o mucha importancia en los movimientos ciudadanos.

Con independencia de si este papel atribuido a las redes sociales es real o exagerado, debemos preguntarnos, ¿Qué papel juegan los buscadores, en concreto Google, que es el hegemónico?

Del lado de los optimistas, un autor como Steven Johnson defiende con vehemencia en su obra *Emergence, the connected lives of ants, brains, cities and software* (2002) que Internet, y los buscadores, funcionan siguiendo el proceso que el denomina "emergence" –emersión, emergencia o acción de emerger". En sus palabras: "como la lógica dialéctica del siglo diecinueve, la visión emergente del mundo pertenece a nuestro tiempo, moldeando nuestros hábitos y percepción del mismo" (Johnson, 2002: 66).

Esta dinámica emergente, aplicada a Internet, significa que: "el papel de Internet en todo esto no tendrá que ver con su capacidad para distribuir imágenes de video de alta calidad o sonidos espectaculares. En vez de eso, Internet aportará los meta-datos que permiten a estas estructuras organizarse. Será el almacén central y el mercado de todos nuestros patrones mediados de comportamiento. Y esos patrones, en lugar de estar restringidos a Madison Avenue y TRW, estarán al alcance de los consumidores, quienes podrán crear mapas comunales de todos los datos y el entretenimiento disponibles en Internet" (Johnson, 2002: 220).

La "emersión" o "emergencia" es un sistema descentralizado, que funciona desde la base, de abajo hacia arriba. En este sentido, Google, según Johnson, se limita a permitir que emerjan las opiniones y decisiones de los usuarios, que son quienes enlazan, y la parte más importante del sistema, de la misma manera que lo son las hormigas en una colonia, mientras que el buscador ejerce de "hormiga reina", quien según Johnson tiene un papel secundario –como explica en su capítulo "el mito de la hormiga reina".

Otros no son tan optimistas. En opinión de Matthew Hindman, en su obra *The Myth of Digital Democracy*, 2009, -el Mito de la Democracia Digital-,para entender el peso de los distintos actores en Internet hay que analizar su estructura de enlaces o hipervínculos. Esta estructura sigue leyes estadísticas exponenciales, que tienden a la concentración, de forma que unos pocos sitios web terminan acaparando la inmensa mayoría de los enlaces y tráfico. Esta tendencia, además, se refuerza a sí misma, en un círculo virtuoso –o vicioso, según pensemos que el proceso es positivo o negativo. En este contexto, los buscadores en general, y Google en particular, estarían reforzando esta tendencia.

Ya antes que Hindman, Lessing había postulado, en su obra *The Future of Ideas*, 2001, que Internet está formado por tres capas, y que su arquitectura es cambiante, por lo que los esfuerzos de intereses comerciales o de poder por cambiarla podrían alterar su naturaleza abierta.

Y tanto Barabási y Albert, en su libro *Emergence of Scaling in Random Network* (1999) como Kumar en *Trawling the Web for Emerging Cyber-Communities*, (1999), advierten que la distribución de los enlaces en Internet no es igualitaria, ni mucho menos, sino que se concentra de forma semejante o incuso superior a la riqueza de las personas, de la misma manera que otros autores anteriores habían demostrado que esa concentración se da en campos tan diversos como el tamaño de las empresas, la economía (Krugman en *Complex Landscapes in Economic Geography*, 1994) o el número de contactos sexuales (Liljeros en*The Web of Human Sexual Contacts*, 2001).

La realidad es que unos cuantos sitios web enormes reciben un elevadísimo número de enlaces. Hindman arguye que esta distribución afecta los resultados de búsquedas en Google, además del tráfico. En sus propias palabras "En estos datos del estudio, el número de enlaces que recibe un sitio web y las visitas a ese sitio web tienen una elevada correlación, de 0,704 (el máximo sería de 1). Por tanto, el número de enlaces que van a un sitio web pueden preceder su volumen de tráfico (Hindman, 2009: 44).

Hindman y sus colaboradores no se quedan ahí. Desarrollan la teoría que ellos denominan "Googlearquía" o Googlearchy en inglés. Esta teoría defiende que "el número de enlaces hacia un sitio web es la parte más importante para determinar su visibilidad en Internet. Los sitios web que reciben más enlaces, reciben, ceteris paribus, más tráfico. En segundo lugar, podemos concluir que el dominio de un nicho o segmento es una ley general de Internet. En cada grupo o temática de Internet, hay un sitio web que recibe la mayoría de los enlaces y el tráfico. Finalmente, esta Googlearquía, se alimenta a sí misma, de forma que se refuerza y perpetúa en el tiempo" (Hindman, 2009: 55).

En otras palabras, los enlaces están concentrados en Internet, lo que hace que los sitios web que más enlaces reciben dominen los resultados de búsquedas, consigan más visibilidad y más enlaces. En ese contexto, Google reforzaría el dominio de los sitios web más potentes, puesto que da visibilidad a las páginas y sitios web que han recibido más enlaces.

En la misma línea argumental se habían pronunciado años antes

Cho y Roy, en su obra *Impact of Search Engines on page Popularity* (2004) o impacto de los buscadores en la popularidad de una página web, donde arguían que los buscadores contribuían a la concentración de tráfico y poder en unos pocos sitios web.

Frente a estas teorías, un autor como Fortunato en *The Egalitarian Effect of Search Engines* (2006) –el efecto igualitario de los buscadores- postula exactamente lo contrario. Según Fortunato, los buscadores contribuyen a paliar las desigualdades de Internet, dispersan el tráfico y consiguen que se concentre menos de lo que se concentraría sin buscadores.

Otro autor del lado crítico es Alexander Havalais, quien en su libro *Search Engine Society* (2009) arguye que los buscadores crean ganadores y perdedores en Internet, aumentan la desigualdad y concentran el poder. En sus palabras "las clasificaciones de resultados de búsquedas existen, porque hay demanda para ellas. Sin embargo, esas clasificaciones reflejan intrínsecamente el statu quo, y puede que no sean de utilidad pública. El concepto de relevancia es enteramente subjetivo. (Halavais 2009:103).

Por otro lado, Halavais está particularmente preocupado con el efecto cultural homogeneizante de buscadores estadounidenses como Google, que, según él, tienden a favorecer resultados de sitios web estadounidenses, puesto que son considerados de más "autoridad" por el buscador. Esta última crítica podría en teoría matizarse porque Google ha desarrollado hábilmente versiones nacionales de su buscador, que promueven –supuestamente- contenidos nacionales. Además el idioma es fundamental para los resultados de búsquedas de Google, que son en español, por ejemplo, para búsquedas en español. Sin embargo, como hemos visto al analizar las "páginas web" ganadoras, esta crítica tiene al menos en parte validez, puesto que Google.es favorece las páginas alojadas en sitios web estadounidenses como www.wordreference.com, que cuando están en español obtienen buenas posiciones en los resultados para palabras en españolas en Google.es. Como ya hemos indicado en las conclusiones, todo indica que sí existe un sesgo a favor de sitios web estadounidenses, siempre que contengan páginas en español.

Por su parte, el autor Gideon Haigh arguye en su ensayo *Information idol, how Google is making us stupid* (2006) que Google entontece a fuer de cómodo, generando complacencia, al darnos un servicio fácil y rápido, del que podemos depender.

El debate is intenso y apasionante. ¿Es el sistema construido por Google una de las "técnicas autoritarias" definidas por Lewis Mumford en 1964? O por el contrario, ¿Es el buscador hegemónico una fuerza que democratiza Internet, que aumenta el número de "gente con voz"?

Selección, filtros e información

El concepto de "Gatekeeper" o en español "guardabarreras" o "portero" procede de la Teoría de Campo que en Psicología Social elaboró Kurt LEWIN -en sus estudios de los años 40 del siglo pasado sobre las dinámicas interactivas en los grupos sociales.. La Teoría General de la Información (TGI) ha dado un perfil propio a este concepto.

Lewin alegaba que en el proceso informativo o secuencia de una información a través de los canales comunicativos en un grupo, el lapso o el bloqueo de la unidad a través del canal dependen en gran medida de lo que sucede en la zona de filtro.

Las zonas de filtro son controladas por sistemas objetivos de reglas o bien por "gatekeepers" son los que tienen el poder de decidir si dejar pasar o no la información.

Estas teorías se han aplicado a la selección de noticias de prensa –la mayoría de los comunicados de agencia son eliminados-, entre otros campos. Reconocidos expertos en teoría de la información, como el catedrático Felicísimo Valbuena de la Fuente han analizado el concepto y su aplicación a la Teoría General de la Información.

Citando al profesor Valbuena, en su obra *Teoría General de la Información*: "El poder de "aproximar o separar", el más específicamente humano, adopta en TGI la forma de "otorgar cobertura o no otorgarla" (Valbuena, 1997: 124)

Pues bien, en estos albores del Siglo XXI, podemos asumir que Google, tanto en su buscador generíco de páginas web, como en su buscador especifico de noticias –Google News- ejerce funciones de "portero" de la información. Un "gatekeeper" sistémico, que cumple a rajatabla –robóticamente- las normas de su propio algoritmo.

Y a la luz de esta investigación, podemos deducir algunas de esas normas y lo que implican para la participación y la democracia.

El estudio nos muestra que, al menos algunas de las normas del filtro sistémico de Google podrían no favorecen necesariamente la participación o la democracia y a lo peor, quizás incluso fomentan el statu quo y los poderes establecidos.

Veamos algunos de los criterios que hemos verificado a lo largo del estudio.

Edad del sitio web

Como hemos visto, la edad media de los sitios web que alojan a las páginas ganadoras de nuestro estudio es de más de 8 años.

Podemos decir, en rigor, que Google tiende a la "gerontocracia". Su algoritmo tiene un sesgo sistémico a favor de estructuras antiguas, ya que premia las páginas web de sitios web de edad avanzada. Se deduce, por tanto, que penaliza las páginas web alojadas en sitios web recientes, y por ende, penaliza a éstos también.

El filtro de Google, por todo ello, penaliza a aquellos portales o sitios web de poca edad. Como hemos visto, esta característica está relacionada con el hecho de que los "malos" que intentan abusar de los buscadores –llamados "spammers"- crean sitios web nuevos permanentemente, y por tanto Google tiene parte de razón en desconfiar de ellos, pero no por ello deja de tener ese criterio un potencial impacto negativo sobre la democracia o la participación.

Aplicado al mundo comercial, quiere decir que una empresa nueva, innovadora, de servicios de viajes, por ejemplo, parte en desventaja en Google frente a las empresas de viajes ya establecidas, que cuentan con sitios web antiguos. Aplicado a las campañas políticas, por ejemplo, podría significar que un partido político nuevo, que cuenta con un sitio web reciente, tendría una desventaja a la hora de aparecer en resultados de búsquedas sobre temas políticos o electorales.

Otra potencial consecuencia de ese criterio, es que favorece a aquellos que pueden comprar dominios antiguos –ya que éstos se compran y se venden. De esa manera, existe otro sesgo económico, que permite a los pudientes contar con una ventaja en Google al adquirir un dominio antiguo.

Aplicado a Google News, quiere decir que el filtro de noticias de Google favorece a los medios de comunicación ya establecidos –que cuentan con sitios web antiguos- y penaliza a los nuevos –que tiene sitios web recientes.

Por otro lado, como ya hemos visto, podemos pensar que este criterio favorece a sitios web de Estados Unidos, país donde Internet se desarrolló antes –muchos de los sitios web antiguos son estadounidenses- mientras que perjudica por ejemplo a sitios web franceses –país donde Internet se impuso tardíamente, tras imponerse sobre otras tecnologías semejantes autóctonas.

Páginas indexadas a todo el sitio web

De la misma manera, Google premia a las páginas alojadas en sitios web grandes, que cuentan con un elevado número de páginas indexadas. Hemos verificado que un 66,3% de páginas web en primeras posiciones se alojan en sitios web con más de 100.000 páginas indexadas en Google. Este criterio tiene también su lógica, pero como el anterior, es dudoso que fomente la participación o una mayor democracia. Una empresa, institución o gobierno, tendrá recursos para desarrollar un gran número de páginas que podrán indexarse en Google. Al contrario, una asociación o grupo emergente tendrá muchas más dificultades para lograr generar contenidos e indexar un gran número de páginas.

Enlaces entrantes a todo el sitio web

Otro criterio confirmado es el número de enlaces entrantes a todo el sitio web. Hemos visto que casi el 70% de las páginas web en primera posición están alojadas en sitios web que reciben, al menos, 100.000 enlaces entrantes.

Como los anteriores, los grupos dominantes –de la índole que sean- que consigan generar e indexar un gran número de páginas, partirán con ventaja a la hora de lograr un gran número de enlaces hacia el sitio web en su conjunto porque, como es fácil deducir, cuantas más páginas tengamos, más enlaces totales obtendremos.

Además, aquellos con recursos económicos para ello, podrán adquirir enlaces en un mercado que, aunque penalizado por Google, existe en diversas variantes.

Vemos por tanto que, aunque Google nunca haya reconocido la importancia del sitio web donde se aloja una página web –dice que clasifica páginas webs individuales- éste se revela como fundamental en al menos tres de los criterios más importantes.

A priori, esto no fomenta la participación ni la democracia. Posiblemente todo lo contrario. Sin embargo, es justo traer a colación una posible excepción: la Wikipedia.

Llama la atención al analizar los resultados de las páginas en primera posición el elevado número de páginas web "ganadoras" que pertenecen a la Wikipedia. Como hemos visto anteriormente, son 155 de 359, un sorprendente 43%. Más de 4 de cada 10. Con frecuencia, las páginas web de la Wikipedia logran primeras posiciones cuando la palabra clave es un nombre común o propio –países, ciudades, famosos. Ya hemos visto por qué a Google le gusta tanto la Wikipedia. Se debe al enorme número de páginas indexadas y al ingente número de enlaces entrantes al sitio web en general, además de la avanzada edad del sitio web -el sitio web general, Wikipedia. org tiene una antigüedad de más de 7 años. Por todo ello, estar alojado en la Wikipedia le da a cualquier página web una gran ventaja. Además, las páginas web de la Wikipedia adaptan su etiqueta título a cada definición, cuentan con un elevado número de enlaces internos y salientes. Estas páginas web alojadas en la Wikipedia suelen recibir ellas mismas un elevado número de enlaces entrantes.

A priori, la Wikipedia es un sitio web participativo, donde distintas personas contribuyen y escriben nuevos artículos o editan los ya existentes. Esto es positivo y refuerza la tesis de una Internet abierta y participativa. Sin embargo, debe matizarse, puesto que la palabra final de las modificaciones que pueda realizar un particular a las entradas de la Wikipedia la tiene un escogido número de editores –los wikipedistas- que no son necesariamente objetivos, sino personas de carne y hueso, que tienen y hacen valer sus opiniones –por ejemplo políticas. Es lógico pensar que las personas que más interés tienen en escribir, comentar y moderar artículos políticos tienen sus propias opiniones y sesgos al respecto, y abundan las críticas, por ejemplo en Estados Unidos, que alegan que la Wikipedia tiene un sesgo hacia la izquierda en lo político.

TOREANDO A GOOGLE

Por otro lado, ¿qué pasaría si un medio de comunicación o una persona compraran la Wikipedia, algo teóricamente posible?

Enlaces entrantes a la página web

Frente a estos tres criterios estructurales, que atañen al sitio web en su conjunto, y que, como hemos visto, favorecen a priori a los sitios web grandes y con recursos, existe un criterio que sí podría, al menos en teoría, aumentar la democracia y la participación en los resultados de búsquedas. Se trata del número de enlaces entrantes que reciben la página web individual. En efecto, este criterio permitiría a un gran número de "jugadores" en Internet enlazar a una página, y a través de todos estos "votos" elevar a la página web hasta las alturas de Google. De esa manera, teóricamente –recordemos que ese era el origen del algoritmo de Google- una página web aclamada por el público podría llegar a emerger o destacar.

Aquí podemos encontrar un intersticio, un hueco democrático y participativo que justifique el optimismo de muchos expertos o supuestos expertos. Cuanto más peso tenga este criterio, más válido será el concepto de Johnson de la "emersión" o "emergencia", comentado anteriormente.

Sin embargo, observamos que este criterio ha perdido peso. De las páginas web en primera posición que forman el estudio, alrededor del 50% reciben 400 enlaces entrantes o más. Pero la otra mitad recibe menos, y a pesar de ello consigue, gracias a todos los demás criterios, obtener la primera posición. La cautela es obligada.

La media de enlaces entranteshacia cada página web que ocupa la primera posición es de más de ochenta y tres mil -83.243- enlaces entrantes, por lo que es un factor que sigue siendo importante –si bien la media puede llevar a engaño, puesto que hay páginas web que reciben una enorme cantidad de enlaces.

Pero un gran número de páginas web logran la primera posición con escasos enlaces entrantes, por lo que este filtro "democrático" puede compensarse obteniendo puntos en otros criterios.

De hecho, en los casos más extremos, ya hemos visto que hay 27 páginas web que alcanzan la primera posición para 27 palabras clave a pesar de no recibir ningún enlace entrante. La mayoría de esas páginas web están alojadas en el sitio web www.wordreference. com lo cual compensa su ausencia de enlaces, debido a otros factores estructurales del sitio web que mejoran las posiciones de sus páginas. ¿Dónde queda en esos casos la "emersión" de Johnson?

Más bien parece que Google escoge estructuralmente –a través de criterios del sitio web general- cuáles son las páginas web ganadoras.

Si analizamos con este prisma que, como ya hemos visto anteriormente, tres sitios web albergan más de la mitad de las páginas web ganadoras -en primeras posiciones- del estudio, la conclusión al respecto sólo puede ser preocupante.

Finalmente, hay otro factor que incide en los resultados de Google. Se trata de los servicios de consultoria especializada en mejorar las posiciones. Google insiste en decir que no afectan en nada a sus resultados de búsquedas. Nos consta que, una vez más, el buscador no dice toda la verdad.

7
REFERENCIA BIBLIOGRÁFICA

Abeles, T.P. (2002), The Internet, knowledge and the academy, *Foresight, the journal of future studies, strategic thinking and policy, Volume 4, Number 3, 2002*, 32-37

Adamic, L.A and Hubberman, B.A. (2000), The Nature of Markets on the World Wide Web, *Quaterly Journal of Economic Commerce, 1, 5-12*

Barabási, A.and Albert, R. (1999), Emergence of Scaling in Random Network, *Science 286[5439], 509-12*

Barabási, A. (2000), Power Law Distribution of the World Wide Web, *Science 287, 2115*

Beal, Andy y Strauss, July (2008), *Radically transparent*, Indianapolis, EEUU,Sybex

Blanke, T. (2005), Ethical subjectification and search engines: ethics reconsidered, *International review of information ethics, 3, 33-38*

Blankson, Samuel (2008), *Search Engine Optimization (SEO) How to Optimize Your Website for Internet Search Engines*, Londres, UK, Blankson Enterprises Limited

Bright, Greg (2008), *Get Top Ranking on Google and Other Search Engines*, EEUU, Greg Bright

Brown, Ryan Wade (2008), *Google SEO advanced 2.0*, EEUU, CreateSpace

Casares, Javier (2008), *Guía de posicionamiento en buscadores*, publicado en Internet:
http://javiercasares.com/wp-content/seo/Guia-de-referencia-SEO.pdf

Cederman, L. (2003), Modeling the Size of Wars: From Billiard Balls to Sand Piles, *American Political Science Review, 97*, 135-150

Clay, Bruce y Esparza, Susan (2009), *Search Engine OptimizationFor Dummies*, EEUU

Cho, J. and Roy, S. (2004), Impact of Search Engines on page Popularity, *Proceedings of the 13th International Conference on the World Wide Web, ACM Press*, EEUU

Codina, Lluís y Marcos, Mari-Carmen (2005)"Posicionamiento web: conceptos y herramientas". *El profesional de la información*, 2005, marzo-abril, v. 14, n. 2, pp. 84-99.
http://www.elprofesionaldelainformacion.com/contenidos/2005/marzo/1.pdf

Ding, C. (2002), *Page Rank, Hits and a unified Framework for Link Analysis*, EEUU, Lawrence Berkeley National Laboratory

Erlhofer, Sebastian (2008), *Suchmaschinen-Optimierung für Webentwickler: Grundlagen, Funktionsweisen und Ranking-Optimierung*, Bonn, Germany, Galileo Press

Faloutsos, M., Faloutsos, P. and Faloutsos C. (1999), On Power-Law Relationships of the Internet Tipology, *Sigcomm, ComputerCommunication Review, 29(4)*, 251-262

Fischer, Mario (2009), Website Boosting 2.0: *Suchmaschinen-Optimierung, Usability, Online-Marketing* ;Heidelberg, Germany,Redline

Fleischner, Michael H (2008), *SEO made simple: strategies for dominating the world´s largest search engine*, EEUU, CreateSpace

Fortunato, S. (2006), The Egalitarian Effect of Search Engines, *Proceedings of the National Academy of Sciences*

Galin, J.R. and Latchaw, J. (1998), *Heterotopic spaces online: a new paradigm for academic scholarship and publication*, Kairos

Geasey, Richard y Evans, Shannon(2010), *Get Found Now, Search Engine Optimization Secrets Exposed*, Seattle,EEUU, Practical Local Search

Gisnparg, P. (1996), *Winnersand losers in the global research village*, France, Unesco

REFERENCIA BIBLIOGRÁFICA

Gorman, G.E. (2006), Giving way to Google, *Online Information Review, 2, 97-99*

Gosense Javier y Maciá, Fernando (2009), *Posicionamiento en Buscadores,* Madrid, España, Anaya

Grappone, Jennifer (2008), *Search Engine Optimization, an hour a day,*Indianapolis,EEUU, Sybex

Harkleroad, Allen (2008), *Confidencial SEO Secrets,* Georgia, EEUU

Haigh, Gideon (2006), *Information idol, how Google is making us stupid,* encontrado en:
http://www.themonthly.com.au/how-google-making-us-stupid-infomation-idol-gideon-haigh-170

Halavais, A. (2009), *Search Engine Society,* Malden, Polity Press, EEUU

Halavais, A. (2008), *The hyperlink as organizing principle,* Michigan, University of Michigan Press, EEUU

Hindman, Matthew (2009). *The Myth of Digital Democracy,* Princeton, PrincetonUniversity Press, EEUU

Hubberman, B.A. (1998), Strong Regularities in World Wide Web Surfing, *Science 3 April 1998, Vol. 280 no. 5360, 95-97*

Hubberman, B.A. (2001), *Laws of the Web,* UK and Cambridge, MA, MIT Press

Jasco, P. (2005), As we may search , search-comparison of major features of the Web of Science, Scopus and Google Scholar citation citation-based and citation citation-enhanced databases, *Current Science, Vol.89, No.9, pp.1537-1547*

Johnson, D.G. (1997), Is the Global Information Infrastructure a Democratic Technology?, *Computers&Society, 27(3), 20-2*

Johnson, Steven (2002), *Emergence, the connected lives of ants, brains, cities and software,* EEUU, Touchstone

Jones, Khristopher (2008), *Search Engine Optimization,* Indianápolis, EEUU, Wiley Publishing

Kleinberg, J.M. (1999), Authoratives Sources in a Hiperlinked Environment, *Journal of the ACM 46, 5, 604–63*

Krugman, P (1994), Complex Landscapes in Economic Geography,American *Economic Review 84,412-416*

Kumar, R. (1999), Trawling the Web for Emerging Cyber-Communities, *Computer Networks, Volume 31, Number 11, 1481-1493*

Langville, Amy y Meyer, Carl D. (2006), *PageRank and beyond, the science of search engine rankings*, Princeton University Press, EEUU

Ledford, Jerri (2008), SEO: *Search Engine Optimization Bible*, indianápolis, EEUU, Wiley Publishing

Lessig, L. (2001), *The Future of Ideas*, EEUU, Random House

Liljeros, F. (2001), The Web of Human Sexual Contacts, *Nature. 2001 June 21, 907-8*

Machill, M. and Belier, M. (2006), *Internet-Suchmaschinen als neue Herausforderung für die Medienregulierung: Jugendschutz und publizistische Vielfalt als Fallbeispiele für Governance Issues*, Suiza, Governance

Monaham, Michael (2010), *Search Engine Optmization - SEO Secrets for 2010*, EEUU, Media works publishing

Mumford, Lewis, "Authoritarian and Democratic Technics," *Technology and Culture 5 (1964): 1-9*

Odon, Sean (2010), *SEO for 2010, Search Engine Optimization Secrets*, EEUU, Media works publishing

Pandurangan, G., Raghavan, P and Upfal, E. (2002), PageRank to Characterize Web Structure, *SINGAPUR, Annual International Computing and Combinatorics Conference*

Parkin, Godfrey (2009), *Digital Marketing*, Londres, UK, New Holland Publishers

Rognerud, Jon (2008), *Ultimate Guide to Search Engine Optimization: Drive Traffic, Boost Conversion Rates and Make Lots of Money*, EEUU, Entrepreneur Press

Saieh, Alexandra (2008), *The secrets to getting listed at the top of search engines*, EEUU, AuthorHouse

Trippi, Joe (2005), *The revolution will not be televised: democracy, the Internet and the overthrow of everything*, Regan Books

Valbuena de la Fuente, Felicísimo, *Teoría General de la Información*, Noesis, Madrid,España,1997

Viney, David(2008), *Get to the top on Google*, Londres, Nicholas Brealey Publishing

Wishart, Adam and Bochsler, Regula (2003), *Leaving Reality Behind: etoys v eToys.com, and other battles to control cyberspace*, Londres,UK,Ecco

Wiggins, R. (2003), The Privilege of Ranking. Google plays ball, *Searcher, vol. 11, no. 7, 23*

Estudios, páginas web y documentos en linea

Estudio General de Medios (2009). Madrid.

Navegantes en la red. 12va encuesta a usuarios de Internet Asociación para la Investigación de Medios de Comunicación (AIMC). Madrid, 2010

Estudio INFOADEX de la Inversión Publicitaria en España (2010). Madrid: INFOADEX

Informe Anual de los Contenidos Digitales en España. Madrid: Ministerio de Industria, Turismo y Comercio. Gobierno de España. 2009

Informe sobre el comercio electrónico en España, a través de entidades de medios de pago, del I trimestre de 2010, Comisión del Mercado de las Telecomunicaciones

Estudio de Historia de Internet, Universidad de Leiden (Holanda)
http://www.leidenuniv.nl/letteren/internethistory/index.php3-m=6&c=7.htm#se

Estudio sobre factores de posicionamiento en buscadores de SEOMOZ
http://www.seomoz.org/article/search-ranking-factors#ranking-factors

Centro mundial de estadísticas de Internet
http://www.internetworldstats.com/stats.htm

Wikipedia, entrada de Archie (en inglés)
http://en.wikipedia.org/wiki/Archie_search_engine

The Anatomy of a Large Scale Hypertextual Web Search Engine (PDF, 1998)
Sergey Brin y Lawrence Page

What can you do with a Web in your Pocket (PS, 1998) Sergey Brin, Rajeev
Motwani, Larry Page y Terry Winograd

The PageRank Citation Ranking: Bringing Order to the Web, Sergei Brin y
Larry Page, 1998

Efficient Crawling Through URL Ordering (PDF, 1998) Junghoo Cho, Hec-
tor Garcia-Molina and Lawrence Page

www.ingramcontent.com/pod-product-compliance
Lightning Source LLC
LaVergne TN
LVHW022323060326
832902LV00020B/3633